沈从文与二十世纪中国

张新颖·著

复旦大学出版社

目　录

自序 …………………………………………………………… 1

沈从文与二十世纪中国

　——从"关系"中理解"我"、文学、思想和文化实践 ………… 1

"联接历史沟通人我"而长久活在历史中

　——门外谈沈从文的杂文物研究 ………………………… 49

中国当代文学中沈从文传统的回响

　——《活着》《秦腔》《天香》和这个传统的

　　不同部分的对话 ……………………………………… 75

"剪辑"成诗:沈从文的这些时刻 ……………………………… 115

翠翠，在杜鹃声中想起我 …………………… 118

绿百合 …………………………………………… 122

豆彩碗 …………………………………………… 126

迁移 ……………………………………………… 132

本书各文出处 ……………………………………… 140

自　　序

这本研究沈从文的书只收三篇论文和一组诗,写于二〇一一年和二〇一二年。

三篇论文谈三个问题:一是我对沈从文这个人和他的文学、思想、文化实践的基本理解,我希望这个理解能够在更广阔的时空里和二十世纪的历史对话,也和今天的现实对话;二是谈沈从文的杂文物研究,不必讳言我是这个领域的门外汉,所以只能做门外谈,偏重在沟通他的文学创作和文物研究,贯穿起他生命的内在连续性;三是通过具体的当代作品,讨论沈从文传统在当代文学中的回响,这个回响已经绵延到了二十一世纪的今天。

一组诗是我从沈从文自己散乱的文字中"剪辑"出来的,聚焦于沈从文生命中的某些特殊时刻,这些时刻当然通向对他整个生命的理解。而这种"剪辑"的形式,不用说,也是发现和阐释的形式。

我曾经犹豫是否把以前写的关于沈从文的各类文章也编进这本书,但为了清楚、简明起见,还是决定舍弃了。这些长短不一的文章,已经有十七篇收在《有情》(上海书店出版社,二〇一二年)一书中。二〇〇五年我写作并出版了一本《沈从文精读》(复旦大学出版社),是细读文本、与课堂教学关联的研究专书,我希望眼前这本小书和《沈从文精读》是联在一起的。还有一个愿望是能早一点写出沈从文后半生的传记,完成多年前的计划。

从我写第一篇探讨沈从文的论文到现在,已经过去十六年了。这么长的时间,我没有一门心思只做沈从文研究,却始终是一个日常的沈从文的读者,一个每年有一个学期在课堂上讲沈从文的教师,一个在沈从文的世界里低回流连、感触生发的人。倘若以为这个世界是个边界清晰的、孤立自限的、个人自足的世界,那就可能错了:深入其中,才会发现这个世界敞开着各个朝向的窗子,隐现着通达四方、也通向自己的道路。有这样的感受和体会陪伴度过平常的日子和长期的生活,那是比做一个专门家更好的事情。

二〇一二年十二月二十八日

沈从文一百一十年诞辰

复旦大学光华楼

沈从文与二十世纪中国

—— 从"关系"中理解"我"、文学、思想和文化实践很高兴来"批评家讲坛"做这么一个演讲。我想一开始就说明我的意图。大家可能注意到了题目中的"与"这个字,它是一个表示关系的连接词:我想用沈从文的例子,把这个关系突出出来,变成一个问题,进入我们的意识,进而我们能够注意、能够思考、能够讨论这样的问题。一个人和他身处的时代、社会构成什么样的关系,本来应该是有自觉意识的,可是现代以来的中国,也许是时代和社会的力量太强大了,个人与它相比简直太不相称,悬殊之别,要构成有意义的关系,确实困难重重。这样一种长久的困难压抑了建立关系的自觉意识,进而把这个问题掩盖了起来——如果还没有取消的话。不过总会有那么一些个人,以他们的生活和生命,坚持提醒我们这个问题的存在。

这样说听起来多少有点抽象,我还是赶紧进入到这个题目的具体情形中来。

一、有来路,才有自我

沈从文是大家都熟悉的名字,我们学现代文学,总要讲到他这个人和他的作品,可是,我们到底对他熟悉到什么程度?我们熟悉他的什么?沈从文生前,总是有感到不被理解的痛苦,三十年代创作高峰时期美誉加身的时候,他就有这种强烈的感受,更不要说后来遭遇挫折和磨难的漫长的人生路途当中了。一九六一年,沈从文在一篇没有完稿的文章的开头,写下了这样两句话:"照我思索,能理解'我'。/ 照我思索,可认识'人'。"①沈从文身后,这两句话分四行,刻在一块大石

---

① 沈从文:《抽象的抒情》,《沈从文全集》第16卷,527页,太原:北岳文艺出版社,2002年。

头上,立在凤凰沈从文墓地。这话里当然有不被理解的郁闷,更表达了渴望理解的心情,而且,给出了理解的途径和方法。

那么,"照我思索"的"我"是怎么回事?显然这是一个关键。"我是谁?我从哪里来?我往哪里去?"这一连串伴随着人的自我意识而生的古老追问,到现在似乎已经变成了陈腔滥调。对于每一个个体来说,这样的问题如果脱离具体的生命情境来抽象地讨论,都可能是茫然无效的。

在二十世纪中国,有一种典型的——因为普遍而显得典型——关于自我的叙述,就是在生命经验的过程中,猝然遭遇到某种转折性的震惊时刻,因而"觉醒"。这种"觉醒"是"现代"的"觉醒",因为造成"觉醒"的力量,直接或间接地来自现代思想和现代理论。它可能是无政府主义思想,也可能是自由、民主、平等的观念,还可能是科学主义、公理论、进化论,当然还有马克思主义，甚至是后来的无产阶级专政下继续革命的理论，等等。"觉醒"的意思是说，以前浑浑噩噩，糊里糊涂，蒙昧混沌不成型，"觉醒"之后恍然大悟，焕然新生。以"觉醒"为界限，以前的"我"不是"真正"的"我"，现在的"我"才是"真正"的"我"；甚至说，以前根本就不知道有"我"，现在才感觉到"我"的存在。这种类型的叙述很多，已经成为一种经典模式，不仅在文学创作里经常读到，在作家的自叙性文字里也屡见不鲜。如果我们把眼光从文学领域扩展开去，很容易就会发现，这不单单是一种文学模式，同时是更为广阔的现代文化和现代社会的一种叙述模式。

当然，这没有什么奇怪。个人的震惊性经验是和古老中国的"觉醒"共振而生的，社会的现代转型和个人的现代塑形互为因果，互相呼应。从单个人的角度来看，这个现代的"我"似乎主要是由现代思想和现代理论所促生和塑造的，它的根源不在生命本身，而是外来的力量。它的确立是断裂式的,否定了"觉醒"之前的阶段才有了"新我",因而它是没有自身的历史的。

这种断裂式的"觉醒"没有发生在沈从文身上。他的"我",不是抛弃"旧我"新生的"新我",而是以往所有的生命经验一点儿一点儿积累,一点儿一点儿扩大,一点儿一点儿化合而来的,到了一定程度,就可以确立起来。这样确立起来的自我,有根源,有历史。如果我们从这个意义上看《从文自传》,就会发现这本书不仅好玩、有趣,而且或显或隐地包含了理解沈从文这个人和他全部作品的基本信息。

这部自传是一九三二年暑假在青岛大学用三个星期写成的,你可以想象那种一气呵成的状态。这一年沈从文三十岁,已经闯荡文坛十年,取得了不俗的成绩,赢得了一定的声名,但是最好的作品还没有出来。我们不妨提出这样的疑惑:为什么这么早就急着写自传?除去有人约稿等外在因素,他写这部作品的个人的内部冲动是什么?

自传从生长的地方写起,那个小山城如今以风景秀美著称于世,沈从文起笔写的却是它暴政血腥的起点和历史:它本就是为镇压边苗叛乱而建。从逃学的顽童到部队里的小兵,成长过程中种种平常人难以想象的经历,慢慢地"教育"出一个逐渐成形、不断充实、层层扩展的生命。这种"教育",来自三个方面:自然、人事和历史文化(沈从文称为"人类智慧的光辉"),天地人文交融浑成,共同滋养出一个结实的生命。"我"是从哪里来的?"我"是怎么来的?生命的来路历历在目。自传写到二十一岁离开湘西闯进北京即戛然而止,自我的形象已经清晰地确立起来了。

不是说沈从文到北京的时候就有了这样明确的自我意识,而是说,在此后经过大约十年的多方摸索之后,至晚到写《从文自传》的时候,沈从文重新确认了这个自我。可以说,正是借助自传的写作,沈从文从过去的经验中重新确认了使自我区别于他人的特别因素，通过对纷繁经验的重新组织和叙述，这个自我的形成和特质就变得显豁和明朗起来。自传的写作，正是沿着自己生命的来路追索自我。自传的完成，就是对这个自我的确认的完成。过往的经验和历程之所以有意义，之所以要叙述和值得叙述，就是因为要靠这个过程才能把自我确立起来。在这里，你可以看到一个基本的不同，断裂式的"觉醒"的"新我"是靠否定自己的历史而确立的，而沈从文的自我是通过肯定自己的历史而确立的。

之所以要确立这样一个自我，对于一个年轻的写作者来说，是为已经可以触摸到的将来而准备的。此后，最能代表这个自我的作品就呼之欲出了。果然，《边城》和《湘行散记》接踵而来。

《从文自传》是一部文学自传不错，但是今天，回看沈从文的一生，如果仅仅把这本书的意义局限在文学里面，就可能把这本自传看"小"。对于更加漫长的人生来说，自我确立的意义不仅仅是文学上的；这个确立的自我，要去应对各种各样的挫折、苦难和挑战，要去经历多重的困惑、痛苦的毁灭和艰难的重生，而且要在生命的终结处，获得圆满。

二十世纪的中国动荡多变，每一个自我都不断面临着时代潮流波折起伏的考验。某个时期的某些思想和理论所催生和塑造出来的自我，如何应对思想、理论潮流的一变再变？特别是，如何应对时代现实的巨大转折？应对的依据在哪里？种种不断的考验，对沈从文这样的自我也同样严峻，他的本能反应始终是叩问和探究由自己生命的实感经验所形成的自我，从自我的历史中找到当下和将来的存在方式。

不是说沈从文确立了自我，这个自我就固定住了，因为实感经验在时时增加，生命的来路在刻刻延长，新的问题层出不穷，也会激发出对自我的新的询问和新的发现。譬如,一九四六年,针对说他"不懂'现实'"的批评,沈从文写自叙长文《从现实学习》,回顾从事文学以来的种种人事和社会经验,心路蜿蜒清晰而伸至当前,同时也强烈地暗示出以后的命运。

每到大的关口,沈从文会习惯性地勘探自我的来路,以此帮助辨认出现在的位置,确定将来的走向。《从文自传》写在创作的巅峰状态即将出现的前夕,仿佛是对沈从文最好的作品的召唤;《从现实学习》于纷纷扰扰的争斗中强调个人在时代里切身的痛感,对自己的文学未来及早做出了悲剧性的预言。一九四九年,在至为剧烈的时代转折点上,在个人精神几近崩溃的边缘,沈从文又写了两篇自传——在完全孤立无援的时候,他唯一所能求助的,是那个自我。这两篇自传,一篇叫《一个人的自白》,一篇叫《关于西南漆器及其他》,是一部大的自传中的两章,沈从文计划中这两章之间还有八章。很多人没有读过这两篇自传,作者生前没有发表过,《沈从文全集》根据手稿整理收入,我想,有心的读者通过这个非常时期的特殊写作,一定能够对沈从文其人其作产生更为深切的感受和贴近的理解。

沈从文一生中的自传性文字不只我上面提到的这些,长长短短还有很多。如果把不同时期的自传性文字对照起来读,会看到他这个自我的一脉相承的核心的东西,也会看到在不同的现实情形中、在个人的不同状态下的不同侧面和反应。

二、人,没有装到新文学的框子里面

我在复旦开一门"沈从文精读"课,开了很多年,每次讲的第一个作品,都是《从文自传》,明白了沈从文的自我的来历,明白了这个自我的不同,才有可能明白沈从文的文学。

大家都熟悉新文学开始时期一个掷地有声、影响深远的理论,即"人的文学"的倡导。我们看沈从文的文学,不妨就从人谈起。我要说,沈从文作品里的人,和时代潮流里的新文学里的人,不一样。

新文学是新文化极为重要的部分,它对"人"的重新"发现",是与现代中国的文化启蒙紧密纠缠在一起的。在相当长一段时间里,新文学担当了文化启蒙的责任,新文学作家自觉为启蒙的角色,在他们的"人的文学"中,先觉者、已经完成启蒙或正在接受启蒙过程中的人、蒙昧的人,似乎处在不同的文化等级序列中。特别是蒙昧的人,占大多数。新文化要改变甚至改造中国社会文化的基本状况,这蒙昧的民众就成为新文学的文化批判、启蒙、救治的对象。

沈从文的湘西人物,农民、士兵、水手、妓女,如果放进这样一个大的文化思路和文学叙事模式里面,大多应该处在被启蒙的位置。但沈从文没有跟从这个模式。他作品的叙述者,和作品中的人物比较起来,并没有处在优越的位置上,相反,这个叙述者却常常从那些愚夫愚妇身上受到"感动"和"教育"。而沈从文作品的叙述者,常常又是与作者统一的,或者就是同一个人。

当这些人出现在沈从文笔下的时候,他们不是作为愚昧落后中国的代表和象征而无言地承受着"现代性"的批判,他们是以未经"现代"洗礼的面貌,呈现着他们自然自在的生活和人性。沈从文对这些人"有情",爱他们,尊敬他们,他能从他们身上体会到生命的努力和生存的庄严,体会到对人生的忠实与对命运的承担。

沈从文也不是有意去颠倒启蒙和被启蒙的关系,而是他根本就没有这样的观念。我在前面说那种现代的"觉醒"没有发生在沈从文身上,而"觉醒"是和启蒙连在一起的,沈从文也没有经历过那种醍醐灌顶式的启蒙。《从文自传》最后一节题为《一个转机》,叙述的是在湘西军队的末期,一个印刷工人带来新书新杂志,沈从文读后感到新鲜异样,决定去北京闯荡另一种生活。这无疑是五四新文化的余波在个人身上产生的震动,说成影响是可以的,而且是彼时彼地的强烈影响,但要说成是启蒙,就过头了。那个工人告诉他,"白话文最要紧处是'有思想',若无思想,不成文章。当时我不明白什么是思想,觉得十分忸怩。若猜想得着十年后我写了些文章,被一些连看我文章上所说的话语意思也不懂的批评家,胡乱来批评我文章'没有思想'时,我即不懂'思想'是什么意思,当时似乎也就不必怎样惭愧了。"当时放下《花间集》《曹娥碑》,看《新潮》《改造》,"我记下了许多新人物的名字","崇拜"他们,而且觉得"稀奇","他们为什么知道事情那么多。一动起手来就写了那么多,并且写得那么好。可是我完全想不到我原来知道比他们更多,过一些日子我并且会比他们写得更好。"就是做出去闯荡一个更大的世界的决定,也并非全然出于新书刊的影响,而与从小就形成的性格、与不断渴求新鲜养分来滋育和扩充自我的心灵状态有更加密切的关系:"尽管向更远处走去,向一个生疏世界走去,把自己生命押上去,赌一注看看"①。这样也就容易理解,沈从文自己就是个没有被启蒙的人,他怎么会在作品里居高临下地去启蒙家乡的父老子弟。

现代思想、现代理论当然不仅仅是启蒙的话语,其他的理论也一样,如果带着理论的预设去看人,看世界,就把人、把世界框在一个框子里了,同时也把自己框在了框子里。沈从文不是一个把自己用理论武装起来的人,而是一个把根扎在自己的实感经验中的人,并且带着实感经验的历史和累积的感情来看人,看世界。沈从文上创作课的时候经常说一句话,经当年的学生汪曾祺转述后,成了常被引用的写作名言:"要贴到人

---

① 沈从文:《从文自传》,《沈从文全集》第13卷,361页,362页,364页。

物来写。"我感觉不少引用这句话的人其实并不怎么懂得这句话。看起来是说写作方法,其实牵扯更重要的问题:怎么才能"贴到人物"?带着理论的预设是不行的,因为理论预设就产生了距离,贴不上;没有切身的感情,不能从心底里自然而然地生出亲近感亲切感,也贴不上。从根本上说,这不是方法的事,而是心的事,能不能贴到人物,取决于有没有一颗对日常生活和日常生活中的普通人贴近的"有情"的心。

在这里我想给大家看沈从文信里的话,这封信是一九三五年写给巴金的。沈从文和巴金是一生的好友,也许正因为是诚恳的朋友,三十年代两人常常争论问题,沈从文才会这么直率地说出他的意见:

> 我以为你太为两件事扰乱到心灵:一件是太偏爱读法国革命史,一件是你太容易受身边一点儿现象耗费感情了。前者增加你的迷信,后者增

加你的痛苦……你不觉得你还可以为人类某一理想的完成,把自己感情弄得和平一点?你看许多人皆觉得"平庸",你自己其实就应当平庸一点。人活到世界上,所以称为伟大,他并不是同人类"离开",实在是同人类"贴近"。你,书本上的人真影响了你,地面上身边的人影响你可太少了!你也许曾经那么打算过,"为人类找寻光明",但你就不曾注意过中国那么一群人要如何方可以有光明。一堆好书一定增加了你不少的力量,但它们却并不增加你多少对于活在这地面上四万万人欲望与挣扎的了解。①

这两位朋友是两个不同类型的作家,沈从文对巴金的批评,未必全有道理,从巴金的立场上完全可以反驳。我想请大家注意的不是对巴金的批评,而是从这

---

① 沈从文:《给某作家》,《沈从文全集》第17卷,220—223页。

个批评里面体会批评者自己看重什么和不看重什么,明白他的亲疏远近:离书本理论远,同实际人生近,与凌空的高蹈疏,和地面上身边的平凡亲。

沈从文的文学过去了这么多年,为什么还有蓬蓬勃勃的生命力?单从他作品里的人物来说,是他没有把这些人物放到框子里,没有用这种或那种理论的彩笔去给他们涂颜色,没有自以为可以给他们定性、定等级,没有把他们变成符号。他们有生气,是生命自身由里而外散发出来的生气。而且,沈从文并不因为自己对这些人物非常熟悉就自负能够"把握"他们,他曾经在给张兆和的信里说:他来写他们,"一定写得很好。但我总还嫌力量不及,因为本来这些人就太大了。"①"太大了",这是一个多么重要的感受——对生活中的人,对生气饱满的存在。有不少作家自以为可以"把握"他笔下的人物,就是因为他没有生命"太大了"的感

---

① 沈从文:《湘行书简·水手们》,《沈从文全集》第11卷,129页。

受,他把他们限制、规范在他自己的理解能力和感受能力之内,当然就"把握"得住了。

三、文学里面有天地,比人的世界大

二十世纪的中国文学,基本上可以说是"人的文学",我的意思是说,五四以来,文学的世界,基本也就是人的世界,个人、集体、民族、国家,欲望、权力、制度、文化,这之间的纠缠、联结和冲突,无不是人的世界的纠缠、联结和冲突。

这有什么问题?人不是社会关系的总和吗?文学不就是人学吗?

沈从文的文学世界,却不仅仅是人的世界,而要比人的世界大。简单地说,沈从文的文学里面有天地,人活在天地之间;大部分的现代以来的文学,只有人世,人活在人和人之间,活在社会关系的总和里面。

前面说过,沈从文生命的"教育",得自于自然、人事和"人类智慧的光辉"三个重要的方面,三项并列,说得比较清楚。但这个说法其实是个从俗的、妥协的说法,从现代人的俗,向现代人对于自然的理解妥协。原本在沈从文那里,自然和人事、历史文化,并没有像在我们今天的理解中那样处于分离的、并立的状态,在他的文学构图中,人事常常就是自然有机的一部分。能说明这个问题的例子很多,举一个比较特殊的,出现在沈从文一生中最心神澄明的经典时刻,那是一九三四年一月十八日,在家乡河流的行船上,沈从文感动异常,彻悟"真的历史是一条河"。这一段文字我以前引用过好几次,建议大家有心的话找来《湘行书简》念一念,看看你会产生什么样的感受。这条河在沈从文的感受里,已经把自然和人类的哀乐,和智慧、文化、历史,都融通为一体了。

天地这个概念,和自然相通,但不是自然;和人事相关,却高于人事。读沈从文的文学,如果感受不到天地,会读不明白。譬如说《边城》这篇传播广泛的作品,里面有些非常重要的东西,没有这种感受,就漏掉了。

《边城》的故事很简单,但有个问题我们不能忽略:为什么"素朴的良善与单纯的希望终难免产生悲剧"?为什么在人事的安排上,从翠翠父母到翠翠,都那么不能如人意愿?这个问题,老船夫很深地想过。"祖父是一个在自然里活了七十年的人,但在人事上的自然现象,就有了些不能安排处。""这些事从老船夫说来谁也无罪过,只应'天'去负责。翠翠的祖父口中不怨天,心中却不能完全同意这种不幸的安排。"[①]也就是说,"天"有意志、有力量安排人事,干预人间。更重要的是,"天"的意志并不在乎人的意愿。这也就是所谓"天地不仁,以万物为刍狗"。

在众多关于《边城》的评论中,沈从文似乎只首肯

---

① 沈从文:《边城》,《沈从文全集》第8卷,90页。

过刘西渭(李健吾)的一篇,这篇文章里有这么一段:"作者的人物虽说全部良善,本身却含有悲剧的成分。唯其良善,我们才更易于感到悲哀的分量。这种悲哀,不仅仅由于情节的演进,而是自来带在人物的气质里的。自然越是平静,'自然人'越显得悲哀:一个更大的命运影罩住他们的生存。这几乎是自然一个永久的原则:悲哀。"[1]

这一段话,每一句是一层意思,所有的意思又交织在一起,仔细想起来很复杂。如果人物本身就含有悲剧成分,那么悲剧就不是——或者至少不完全是——在事情的发展变化过程中产生的,也就是说,即使能够改变事情发展变化的过程,也未必就能够避免悲剧;人物自来的气质里就有悲哀,那是因为,自来就有一个笼罩着他们的命运。可是,悲哀为什么会是自然"永久的

---

[1] 李健吾:《〈边城〉——沈从文先生作》,《李健吾批评文集》,56页,郭宏安编,珠海:珠海出版社,1998年。

原则"呢？

我们不妨反过来，用小说为这段评论做个"注释"，来看这样一个简单的情境就够了：作品开篇，描述茶峒地势，凭水依山筑城，河街房子莫不设有吊脚楼，"某一年水若来得特别猛一些，沿河吊脚楼，必有一处两处为大水冲去，大家皆在城上头呆望。受损失的也同样呆望着，对于所受的损失仿佛无话可说，与在自然安排下，眼见其他无可挽救的不幸来时相似。"①"无可挽救的不幸"之所以"无可挽救"，是因为它出自高于人事能力的意志，"边城"人对此只能"无话可说"、"呆望着"。他们"呆望"不幸，也即是对天地不仁的无可奈何的体会、默认和领受，"呆望"的神情，也因为体会、默认和领受而可以说是自身悲剧成分和自来悲哀气质的外现。

自身悲剧成分和自来悲哀气质既然是把天地不仁"内化"为个人命运的结果，那么，天地不仁在这里就不

---

① 沈从文：《边城》，《沈从文全集》第8卷，66页。

是一种表面的感慨,一种责任的推诿,一种无知无识的愚昧,一种知识和逻辑的推论。这个世界有它的悲哀,这个世界自来就带着悲哀的气质在体会、默认和领受。

但是这还只是一面。这个世界有悲哀不假,可我们读这部作品,还是会强烈地感受到明朗、刚健的力量和生生不息的气象。"天地有大德曰生",天地化生的力量永无止息。白塔倒了,可是又重新修好了;老祖父死了,翠翠却由此明白了从父母到自己的很多事情,人生自然上了一层;那个"使翠翠在睡梦里为歌声把灵魂轻轻浮起的青年人"还没有回来,"这个人也许永远不回来了,也许'明天'回来!"——你看沈从文写最后一句,用了个感叹号!

在这里我顺便说几句沈从文的景物描写。沈从文也用景物这个词,但这也是从俗和妥协的说法。沈从文作品中的景物,通的是自然,自然又通天地,一层一层往上,所以是无限生机。而我们通常所说的景物,是图像化了的东西,是我们的眼睛或者相机截取了的片段;即使我们能够通过片段的景物联想到自然,那也是近代以来我们所理解的自然,是被我们对象化的东西,我们把人当成主体,把自然当成主体的对象。所以我们虽然欣赏和赞叹沈从文的景物描写之美,欣赏和赞叹沈从文作品中的自然美,却不容易领会他的自然观中与"天地有大美而不言"相联的天地大美,与"天地有大德曰生"相联的天地大德,当然也就更不容易理解与"天地不仁,以万物为刍狗"相联的天地不仁。天道,地道,人道,人道仅居其间,我们却只承认人道,只在人道中看问题,只从人道看自然,自然也就被割裂和缩小为人的对象了。但其实,天地运行不息,山河浩浩荡荡,沈从文的作品看起来精致纤巧,却蕴藏着一个大的世界的丰富信息,自然在他的作品中,岂只是这样那样的景物描写?

我还想借这个话题说一个词:人性。因为我发现,非常多的人谈论沈从文作品的时候,喜欢用这个词。沈从文自己也用这个词,《习作选集代序》里面说自己创作的几句话经常被引用:"我只想造希腊小庙。……这神庙供奉的是'人性'。"①我想提醒的是,沈从文是在一个比人大的世界里说人性的,和我们通常所说的人性论的人性不同,和我们通常在人的世界里说人性不同。他为什么老是要说他对人的理解和城市中人、和读书人的理解不同呢?一个根本的原因是,城市中人、读书人对人的理解,只是在人的世界中理解人,只是在人是社会关系的总和中理解人,而他却会觉得,人不应该仅仅局限在社会关系的总和当中。他感受里面的人性,一定包含着与人居其间的天地运行相通的信息。人不能把人束缚在人里面,而与天地气息隔绝。

---

① 沈从文:《习作选集代序》,《沈从文全集》第9卷,2页。

四、守"常"察"变",寻"本根"持"白心"

前面提到,沈从文的作品曾经遭受"没有思想"的批评。讲到这里,我想我们已经不可以这么说了。前面讲的,难道不包含重要的思想因素、思想方式和思想感受吗?不过我们也要理解为什么会有那种批评,而且不回避这个问题。这些年我碰到不少喜欢沈从文的朋友,读沈从文的作品觉得很美,辩驳说这就够了,文学为什么一定要有思想呢?可是,我觉得这样说还不行,这等于是把问题取消了。沈从文的作品确实是有思想的,而且,不理解这些思想的话,就没有办法很好地理解沈从文。

什么是思想呢?我们通常把思想当作名词,而在二十世纪中国,和这个名词搭配的动词,特别常用的一个,是"接受","接受"什么什么思想。这也就是说,对于一个人来说,思想是外来的,而不是从自身的种种经验和认识里产生的。你接受了,你就有了。思想这个东西,在二十世纪中国显得特别重要,它绝不仅仅是个体的需求,更是集体的需求、社会的需求、时代的需求,所以你有了还不够,还要看看别人有没有,别人有的是什么,和你有的一样不一样。

沈从文不会把现成的什么东西拿来套到作品里头,所以他的作品经不起有现成思想的眼光打量。就说《边城》吧,它不就是一个世外桃源、一首田园牧歌吗?和现实的社会、和迫切的时代,有多大关系?

我想借助鲁迅来谈这个问题。鲁迅青年时代就痛切地感受到当时的中国是"本根剥丧,神气旁皇"[1],这是《破恶声论》一开篇就直指的要害,不管是国家、民族,还是个人,没有"本根"了,六神无主,无所适从。那

---

[1] 鲁迅:《破恶声论》,《鲁迅全集》第8卷,28页,北京:人民文学出版社,1981年。

么从哪里找回"本根"呢?我们都知道鲁迅对中国传统做过非常激烈的批判,他认为中国的传统坏了,而且越到后来越坏,传统是个大染缸,经过这个染缸一染,本来是好的东西也变脏污了。现在就是传统一路发展而来,变成如此不堪的局面。那希望在哪里?按照这个思路,希望所在,是没有经过传统污染的东西,青年鲁迅追溯到了"古民白心"。"古民"在这个传统之前,他们的心灵还没有经过染缸的浸泡,染上乱七八糟的颜色,还是素朴纯白的,我们应该从这里找到"本根",恢复"神气"。鲁迅的这个思想,留给我们的问题和困难是,我们在传统的下端,"古民白心"在传统的前端,中间隔着几千年的历史,我们怎么跳过这么长的时间,和"古民白心"对接上?

这个难题中的时间距离,在沈从文那里置换成了空间距离:我们没法回到遥远的古代,但我们可以去现在的偏僻之地,找到"古民白心"。"礼失求诸野",把

"礼"字换掉,思路还是"求诸野"的思路。很早以前我读《边城》,还把它当成一个封闭空间里的故事,与外面的世界没有什么关系;现在再去看,就觉得这样看把这个作品看小了。你看作品是怎么开始的:

> 由四川过湖南去,靠东有一条官路。这官路将近湘西边境到了一个地方名为"茶峒"的小山城时,有一小溪,溪边有座白色小塔,塔下住了一户单独的人家。这人家只一个老人,一个女孩子,一只黄狗。①

这个叙述是说有这么一条路,沿着这条路能够找到这么一个地方和这地方的人。有路,就不是封闭的了。沈从文画这幅路线图,是假设外面有人来,由外而里的,是给外面的人来找这里用的,是"求诸野"的路。

---

① 沈从文:《边城》,《沈从文全集》第8卷,61页。

《边城》不是陶渊明的《桃花源记》,桃花源似真似幻,"不足为外人道也",就是按照做下的标记再去找,"寻向所志,遂迷不复得路",哪里找得到;沈从文却肯定了边城这样的地方的存在,你看开头这么短的几句话,突出的句式是存在句,重复用了好几个"有"字(还省略了几个):有路,有小溪,有白塔。也就是说,"求诸野"是可能的,找得到朴野纯厚的生命、刚健善良的心灵。为什么要找?为的是民族的"本根"和"神气"。所以,《边城》以及差不多全部的湘西作品,它们所表达的,并不仅仅是沈从文个人的乡愁,并不仅仅是一个乡下人在城市里过得不如意而用记忆来安慰自己,它们有更大的用心。触着了这个大的用心,我们才能理解《边城》题记的最后为什么会这么说:"我的读者应是有理性,而这点理性便基于对中国现社会变动有所关心,认识这个民族的过去伟大处与目前堕落处,各在那里很寂寞的从事于民族复兴大业的人。这作品或者只能给他们一点怀古的幽情,或者只能给他们一次苦笑,或者又将给他们一个噩梦,但同时说不定,也许尚能给他们一种勇气同信心!"①

沈从文和鲁迅对于传统的看法非常不同,"过去伟大处"的"过去"是包含着悠久的传统在内的;"目前堕落处"的"目前",指的是他所置身其中的现代以来的中国,"本根剥丧,神气旁皇"是"堕落"的原因,也是"堕落"的表现。沈从文喜欢用"常"与"变"的交互作用来描述时代,有"本根"就有"常",有"常"就不怕"变",怕就怕没有了"常",那就只能在不断的"变"中,仓皇失措,"神气旁皇"。《长河》集中处理"常"与"变"的问题,表达了沈从文非常深重的忧思。很遗憾,这部作品没有受到足够的重视。

《长河》写的是现代"来了"之后的种种情形。在二十世纪中国,现代是"时代大力",而且似乎是"神圣"的

---

① 沈从文:《边城〈题记〉》,《沈从文全集》第8卷,59页。

"大力",因为很多人觉得这个是不容置疑的,有所疑惑就往往被视为落后、守旧、固执,甚至是倒退和反动。但问题是,现代到底是什么?现在究竟怎么样?沈从文是个"乡下人","乡下人"的一个特点是不相信理论,而相信实际,相信他亲眼所见、亲身所受的东西,也就是"亲证"。现代不是不可以分析,不可以具体化的。举一个很小的例子:辰州府地方要成立一个新式油业公司,用机器榨油,取代原有的几十处手工作坊式的油坊。这两种作业方式之间的冲突,似乎是"现代与传统""新与旧"、先进的生产方式和落后的生产方式的冲突,其实这不过是表面现象而已。在这样的关键地方,沈从文一针见血地指出,这是官与民争利。新式油业公司实行股份制,持有股份的是省里委员,军长,局长。买进桐子他们可以自己定价,卖出桐油也是他们自己定价。资本、权力、利益结合了"新式文明",巧取豪夺,长驱直入。这分明是野蛮,现代的野蛮。这样的例子不需要多举,今天一个多少有点儿现实经验和感受的中国人,都会有体会。

沈从文忧心忡忡的是,在现代的"大力"下,原本素朴的性格灵魂会不会被压扁扭曲,"白心"会不会被浸染上各种各样花里胡哨的颜色,在漫长的历史中所形成的生活的完整性会不会遭到破坏。"变"是无可避免的,但"变"是不是一定要取消"常",现代是不是一定要把"本根"也消除掉?这个思想不应该被套进传统和现代二元对立的模式里去,沈从文所要维护的不是只属于过去时代的东西,而是现代以及现代以后的将来也应该存在的东西。

沈从文和鲁迅两个人看上去很不一样,但是在他们的文学深处,却能够发现某些重要的甚至是根本的一致性。可以说,沈从文正是一个保持和维护着青年鲁迅所揭示的"本根"和"白心"思想的作家,他的文学,也不妨说成是持守"本根"和"白心"的文学。

五、选择、位置：偏之又偏，实得其正

四十年代是沈从文思想上最为痛苦的时期，和现实的冲突越来越厉害，和时代的剧烈变化越来越不合拍，到一九四九年，神经所能承受的压力达到最高点，以致一度精神失常，以自杀求解脱。恢复后改行做文物研究，成就了后半生的事业。

沈从文改行，是时代压力和自主选择共同作用而产生的结果：如果可以分开来说，放弃文学，多是由于政治上的原因；做文物研究，则是自主选择。有人说，沈从文胆小，离开了意识形态关注的领域，躲进了文物里面；也有人说，沈从文聪明，离开了是是非非的漩涡，明哲保身。这恐怕多是不了解沈从文的人，以己度人，得出这样的印象。

前面提到过沈从文一九四九年精神极端紧张的时

候写自传,其中一章是《关于西南漆器及其他》,描述和分析美术、特别是工艺美术与自己的深切关系。从少年时代起,这种关系不断深化,由爱好和兴趣,发展到对世界、生命、自我的认识和体会,并且逐渐内化为自我生命的滋养成分,促成自我生命的兴发变化。也就是说,到后来,文物对于沈从文来说,已经不仅仅是"对象"了。沈从文在这个时候梳理出自己生命的这么一条线索,显然对自己即将做出的选择,已经有了明确的意识。如果你还记得《从文自传》的倒数第二章《学历史的地方》,写他在筸军统领官陈渠珍身边作书记,日常事务中有一件是保管整理大量的古书、字画、碑帖、文物,"使我对于全个历史各时代各方面的光辉,得了一个从容机会去认识,去接近"[①],你一定会惊叹生命的密码早已暗示了未来的信息。不过,沈从文三十岁时

[①] 沈从文:《从文自传·学历史的地方》,《沈从文全集》第13卷,356页。

候的叙述是兴之所至地触碰了一下这个密码,他自己也并不完全明白其中的含义;一九四九年再来重新发掘这条埋藏的线索,就是非常自觉的了。所以你看,沈从文的文学是从自己生命的来路而产生出来的,沈从文的文物研究也一样,也有这么一条生命的来路和自我的根据。

不仅有自我的根据,而且还要自我在这个领域里安顿、扩展、充实、成就;不是到这里遮风避雨、苟且偷生的,而是要在这里安身立命,创造另一番事业。

但是,在轰轰烈烈的时代潮流中,选择这样一个偏于一隅的角落里的位置,意味着什么?

我讲三个场景,请大家体会。

第一个,是沈从文一九四九年十二月一篇文稿里描述的"家庭剧":两个初中生的儿子,晚上做爸爸的思想工作——

"爸爸,我看你老不进步,思想搞不通。国家那么好,还不快快乐乐工作?"

"我工作了好些年,并不十分懒惰。也热爱这个国家,明白个人工作和社会能够发生什么关系。也长远在学习,学的已不少。至于进步不进步,表面可看不出。我学的不同,用处不同。"

……

"到博物馆弄古董,有什么意思!"

"那也是历史,是文化!……"

……

于是我们共同演了一幕《父与子》,孩子们凡事由"信"出发,所理解的国家,自然和我由"思"出发明白的国家大不相同。谈下去,两人都落了泪……①

---

① 沈从文:《政治无所不在》,《沈从文全集》第27卷,40—41页。

第二个场景,在济南。一九五六年十月十日,沈从文到山东师范学院,门房问他是干什么的,他说,"什么也不干。"门房笑了。他在文物室看了两个钟头。上午散学,千百个学生们拥挤着出门去食堂,他也在中间挤来挤去,没有一个人认识。他觉得这样极有意思;又想,即使"报上名来",也没有人知道他是谁。不知怎么一转念,想到了老朋友巴金:"如果听说是巴金,大致不到半小时,就传遍了全校。"接着又有点负气但到底还是泰然地想道——

> 我想还是在他们中挤来挤去好一些,没有人知道我是干什么的,我自己倒知道。如到人都知道我,我大致就快到不知道自己究竟是干什么的了。①

---

① 沈从文:《致张兆和》(19561010),《沈从文全集》第20卷,19页。

第三个,在上海。一九五七年五月一日,国际劳动节,沈从文从外滩边上的饭店窗口看外白渡桥和黄浦江,画了三幅速写,同时又用文字做了描述。

第一幅,"五一节五点半外白渡桥所见":

江潮在下落,慢慢的。桥上走着红旗队伍。艒艒船还在睡着,和小婴孩睡在摇篮中,听着母亲唱摇篮曲一样,声音越高越安静,因为知道妈妈在身边。

第二幅,"六点钟所见":

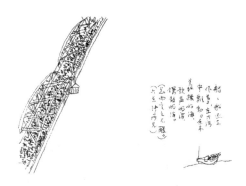

眉眉船还在作梦,在大海中飘动。原来是红旗的海,歌声的海,锣鼓的海。(总而言之不醒。)

第三幅:

> 声音太热闹,船上人居然醒了。一个人拿着个网兜捞鱼虾。网兜不过如草帽大小,除了虾子谁也不会入网。奇怪的是他依旧捞着。①

我们应该意识到这个时间和地点所提示的时代气氛和性质。时代的宏大潮流汇集和裹挟着人群轰轰隆隆而过——外白渡桥上正通过由红旗、歌声和锣鼓混合成的游行队伍——这样的时刻,沈从文的眼睛依然能够偏离开去,发现一个小小的游离自在的生命存在,并且心灵里充满温热的兴味和感情,这不能不说是一个奇迹。翻检那个时代的文学艺术作品加以对照,就会对这样的奇迹更加惊叹。

如果不嫌牵强的话,我们可以把沈从文"静观"的过程和发现的情景,当作他个人的生命存在和他所置

---

① 沈从文:《致张兆和》(19570502),《沈从文全集》第20卷,177—178页。

身的时代之间的关系的一个隐喻。说得更直白一点，我们不妨就把沈从文看作那个小小的艒艒船里的人，"总而言之不醒"，醒来后也并不加入到"一个群"的"动"中去，只是自顾自地捞那小小的虾子。沈从文的"小虾子"，不用说，就是他投注了生命热情的杂文物。

我想不必再描述更多的场景了。此后的岁月，六十年代、七十年代，沈从文只能是越来越艰难，境况越来越恶劣，下放到湖北之后连最起码的研究条件都丧失了，还念念不忘他的杂文物，带着一身病，凭着记忆写文章。

我们后知后觉，站在今天回望，能够知道一浪高过一浪的时代潮流做了什么，时代潮流之外的沈从文做了什么。而且我们还应该反思，潮流是由多数人造成的，潮流里的人，经过了那些年代，他们得到了什么，失去了什么。二十世纪以来的多数中国人，争先恐后，生怕落伍，生怕离群。其中的知识分子，本该是比较有理性的,有独立精神的,有自主能力的,但多数却只养成了与时俱进的意识和本领。落潮之后,能够看得比较清楚了,多数人又把一切责任推给时代,不去追问自己在时代里选择了什么位置,做了什么事情。

沈从文文物研究的具体情况,今天没有时间细讲,但有一点要指出来,就是他关注的种类繁多的杂文物,大多是民间的、日常的、生活中的工艺器物,不但与庙堂里的东西不同,与文人雅士兴趣集中的东西也很不一样,大多不登大雅之堂。他自己更喜欢把他的研究叫作物质文化史研究,为了强调他的物质文化史所关注的东西与一般文物研究不同,他关注的是千百年来普通人民在日常生活中的劳动、智慧和创造。这个关注点,和他的文学的关注点是一样的,沈从文的文学世界,不正是民间的、普通人的、生活的世界?但是,这不是文物研究的主流,不被认同,甚至被排斥,以至于被认为是"外行"。五十年代历史博物馆布置了一个"内部浪费展览会",展出的是沈从文买来的"废品",还让他陪同外省同行参观,用意当然是给他难堪。沈从文一九七八年调到社科院历史所,此前历史博物馆的领导说,沈从文不是主要人才,要走就走。你看,沈从文从事物质文化史研究,不仅他这个人要承受现实处境的政治压力,他的研究观念还要承受主流"内行"的学术压力。反过来理解,也正可以见出他的物质文化史研究不同于时见的取舍和特别的价值。

做文物研究,已经是偏离时代潮流了;做的又是"算不上文物"的杂文物研究,连文物研究的主流也偏离了。可谓偏之又偏;但是呢,偏之又偏,实得其正。当然,换个角度,不从时代和潮流的立场来看,也许沈从文从来就没有偏过,始之于正,也终得其正。

六、题目下面的题目

自我、文学、思想、走入历史文化深处的选择和实践,这些不同的方面,一个人用他的生命贯通起来了。这个生命有很强的连续性,有迹可循,不会今天这样明天忽然那样;这个生命又很倔强,如同"无从驯服的斑马"。生命方方面面的展开和实践,不可能封闭在生命的内部完成,总是和置身其中的社会、时代发生各种各样的关系。但发生什么样的关系,发生什么样的关系不仅对个体生命更有价值,而且对社会、时代更有意义,却也不只是社会、时代单方面所能决定的,虽然在二十世纪中国,这个方面的力量过于强大,个人的力量过于弱小。不过,弱小的力量也是力量,而且隔了一段距离去看,你可能会发现,力量之间的对比关系发生了变化,强大的潮流在力量耗尽之后消退了,而弱小的个人从历史中站立起来,走到今天和将来。

沈从文如果活到现在,二〇一二年,就一百一十岁了。今天讲他和二十世纪中国,好像都是讲过去的人事。其实很难说我们已经可以把二十世纪历史化了。

我的本意,也不是来讲无关于当下的历史人物和历史知识。这个演讲的题目,召唤着你、我、我们的某些意识和思考,如果有人隐约感受到这个题目下面还有题目,譬如类似于"我们与二十一世纪中国""沈从文与我们"这样的,我会觉得,这个题目讲对了。

二〇一二年九月二十四日讲

"联接历史沟通人我"
而长久活在历史中

——门外谈沈从文的杂文物研究

沈从文的前半生以文学创作成就伟绩,后半生以文物研究安身立命,一生的事业,好像一分为二,两种身份,分属两个不同的领域。但换一个角度,也可以观察到另外的情形:作家也好,文物研究者也好,这两种身份是矛盾和统一在他一个人身上的;文学和文物这两个领域,创作和研究这两种方式,一般人在意和注重的是不同,是相隔,在沈从文那里,却是相通。不是表面的相通,是这个人在根子上看待世界和历史、看待人事和自我的意识、眼光、方法上的相通。他的意识、眼光和方法的独特,不仅造就了他独特的文学,同样也造就他在文物研究上的独特贡献。

更多的读者熟悉沈从文这个人和他的文学,相对地不太熟悉他的文物研究,那么我们就试着从他这个人和他的文学出发,逐步地走进他文物研究的世界。我想说的都是"入门"前的话,却是理解他的"专门"研究的重要基础,不是可有可无的东西。以下简单地谈这么几个问题:

一、他这个人和文物研究是什么关系;

二、他的文学和文物研究如何相通;

三、他的文物研究的观念、方法和成就有什么独特价值。

明白了这几个问题,也许我们还可以反过来考虑,从他的文物研究,我们能否得到启发,更好地来理解他的文学和他这个人。

一、远因和选择

沈从文为什么要研究文物?现成的答案,时代转折之际,"不得不"割舍文学,"改行"。来自政治的巨大压力,无论如何强调都不过分。这其中的一些情况,不少人已耳熟能详,我不再重复。我想说的是另一方面:人在巨大压力之下仍然是可以选择的,在看似完全被动、被迫的情形下,其实仍然存在着自主性,当然这种自主性受到严酷的限制,需要付出巨大的代价才能维持。沈从文不是不可能继续当个作家,留在文坛上;事实上新政权的一些部门和个人也确实多次表示,希望他继续写作。但他十分清醒,他的文学和新时代所要求的文学是无法相容的,如果他屈从外力的要求而写作,就是"胡写";而"胡写",他就"完了"。他是为了保持个人对于文学的挚爱和信念而放弃文学的。放弃文学以后做什么呢?文物研究,这是沈从文的自主选择。这个选择,不是从许多选项中挑了这么一个,而是,就是这一个。这个选择的因由,其实早就潜伏在他的生命里,像埋进土里的种子,时机到了就要破土而出。

我们来看看这颗种子在土里的历程。这个历程的时间还真不短。

《从文自传》是一本奇妙的书,这本书的奇妙可以从好多方面来讲,这里只讲和我们的问题有关的一个方面。这本书是沈从文三十岁写的,写的是他二十一岁以前的生活,他在家乡的顽童时代和在部队当兵辗转离奇的经历。不要说书中的那个年轻人,就是写这本书时候的沈从文,也无法预知他后半生命运的转折。可是这本书里有动人的段落和章节,很自然地写出了一个年轻的生命对于中国古代文化和文物的热切的兴趣。有谁能够想象,在这个一个月挣不了几块钱的小兵的包袱里,有一份厚重的"产业":一本值六块钱的《云麾碑》,值五块钱的《圣教序》,值两块钱的《兰亭序》,值五块钱的《虞世南夫子庙堂碑》,还有一部《李义山诗集》。要讲沈从文的书法历程,必得从这份早年的"产业"讲起。《从文自传》倒数第二章题为《学历史的地方》,写他在算军统领官陈渠珍身边作书记约半年,日常的事务中有一件是保管整理大量的古书、字画、碑帖、文物,"这份生活实在是我一个转机,使我对于全个历史各时代各方面的光辉,得了一个从容机会去认识,去接近。"——

> 无事可作时,把那些旧画一轴一轴的取出,挂到壁间独自来鉴赏,或翻开《西清古鉴》《薛氏彝器钟鼎款识》这一类书,努力去从文字与形体上认识房中铜器的名称和价值。再去乱翻那些书籍,一部书若不知道作者是什么时代的人时,便去翻《四库提要》。这就是说我从这方面对于这个民族在一段长长的年分中,用一片颜色,一把线,一块青铜或一堆泥土,以及一组文字,加上自己生命作成的种种艺术,皆得了一个初步普遍的认识。由于这点初步知识,使一个以鉴赏人类生活与自然现象为生的乡下人,进而对于人类智慧光辉的领会,

发生了极宽泛而深切的兴味。①

我们在沈从文的整个生命完成多年之后,细读他早年这样的文字,后知后觉,不能不感叹生命远因的延续,感叹那个二十一岁的军中书记和三十岁的自传作者为未来的历史埋下了一个惊人的大伏笔。

从湘西来到北平之后,还不清楚自己未来事业的路在哪里的时期,摸索读书,其中大多与历史、文物、美术有关:"为扩大知识范围,到北平来读书用笔,书还不容易断句,笔又呆住于许多不成形观念里无从处分时,北平图书馆(从宣内京师图书馆起始)的美术考古图录,和故宫三殿所有陈列品,于是都成为我真正的教科书。读诵的方法也与人不同,还完全是读那本大书方式,看形态,看发展,并比较看它的常和变,从这三者取

---

① 沈从文:《从文自传·学历史的地方》,《沈从文全集》第13卷,356页,太原:北岳文艺出版社,2002年。

得印象,取得知识。"①

抗战后寓居昆明八年,早已确立了文学地位的沈从文,特别留心于西南文物中一些为历史和现代学人所忽略的东西,其中主要是漆器。汪曾祺回忆说:"我在昆明当他的学生的时候,他跟我(以及其他人)谈文学的时候,远不如谈陶瓷,谈漆器,谈刺绣的时候多。他不知从哪里买了那么多少数民族的挑花布。沏了几杯茶,大家就跟着他对着这些挑花图案一起赞叹了一个晚上。有一阵,一上街,就到处搜罗缅漆盒子。……昆明的熟人没有人家里没有沈从文送的这种漆盒。有一次他定睛对一个直径一尺的大漆盒看了很久,抚摸着,说:'这可以做一个《红黑》杂志的封面!'"②

一九四九年二、三月,沈从文在极端的精神痛苦中写了两章自传,其中之一是《关于西南漆器及其他》,描

---

① 沈从文:《关于西南漆器及其他》,《沈从文全集》第27卷,23—24页。
② 汪曾祺:《与友人谈沈从文》,《晚翠文谈新编》,160—161页,北京:三联书店,2002年。

述和分析了美术、工艺美术与自己的深切关系。他说,"我有一点习惯,从小时养成,即对于音乐和美术的爱好","认识我自己生命,是从音乐而来;认识其他生命,实由美术而起。""到都市上来,工艺美术却扩大了我的眼界,而且爱好与认识,均奠基于综合比较。不仅对制作过程充满兴味,对制作者一颗心,如何融会于作品中,他的勤劳,愿望,热情,以及一点切于实际的打算,全收入我的心胸。一切美术品都包含了那个作者生活挣扎形式,以及心智的尺衡,我理解的也就细而深。""而尤其重要的,是这些小市民层生产并供给一个较大市民层的工艺美术,色泽与形体,原料及目的,作用和音乐一样,是一种逐渐浸入寂寞生命中,娱乐我并教育我,和我生命发展严密契合分不开的。"[①]

由爱好和兴趣,发展到对世界、生命、自我的认识

---

① 沈从文:《关于西南漆器及其他》,《沈从文全集》第27卷,20页,22页,23页。

和体会,并且逐渐内化为自我生命的滋养成分,促成自我生命的兴发变化,文物对于沈从文来说,已经不仅仅是将来要选择的研究"对象"了。

二、杂文物和普通人,历史的长河和"抽象的抒情"

我一开始就说沈从文的文物研究和文学相通,怎么个相通呢?

先看看他关注什么东西,简单罗列一下他的一些专门性研究:玉工艺、陶瓷、漆器及螺甸工艺、狮子艺术、唐宋铜镜、扇子应用进展、中国丝绸图案、织绣染缬与服饰、《红楼梦》衣物、龙凤艺术、马的艺术和装备,等等;当然还有历经十七年曲折、在他七十九岁问世的《中国古代服饰研究》这一代表性巨著。你看他感兴趣、下功夫的东西,很杂,所以他把他的研究叫作杂文物研究;但这些很杂的东西有个共同的地方,大多是民间的、日常的、生活中的,不但与庙堂里的东西不同,与文人雅士兴趣集中的东西也很不一样,你也可以说,他的杂文物,大多不登大雅之堂。这些杂文物,和他的文学书写兴发的对象,在性质上是统一的、通联的。沈从文钟情的是与百姓日用密切相关的工艺器物,他自己更喜欢把他的研究叫作物质文化史研究,为了强调他的物质文化史所关注的与一般文物研究关注的不同,他关注的是千百年来普通人民在日常生活中的劳动、智慧和创造。沈从文的文学世界,不正是民间的、普通人的、生活的世界?这是一方面。

第二,沈从文对文物的爱好和研究,"有一点还想特别提出,即爱好的不仅仅是美术,还更爱那个产生动人作品的性格的心,一种真正'人'的素朴的心。"物的背后是人,举个形象的例子,"看到小银匠捶制银锁银鱼,一面因事流泪,一面用小钢模敲击花纹。看到小木匠和小媳妇作手艺,我发现了工作成果以外工作者的情绪或紧贴,或游离。并明白一件艺术品的制作,除劳动外还有个更多方面的相互依存关系。"①沈从文年复一年地在历史博物馆灰扑扑的库房中与文物为伴,很多人以为是和"无生命"的东西打交道,枯燥无味;其实每一件文物,都保存着丰富的信息,打开这些信息,就有可能会看到生动活泼的生命之态。汪曾祺也说:"他后来'改行'搞文物研究,乐此不疲,每日孜孜,一坐下去就是十几个小时,也跟这点诗人气质有关。他搞的那些东西,陶瓷、漆器、丝绸、服饰,都是'物',但是他看到的是人,人的聪明,人的创造,人的艺术爱美心和坚持不懈的劳动。他说起这些东西时那样兴奋激动,赞叹不已,样子真是非常天真。他搞的文物工作,我真想给它起一个名字,叫作'抒情考古学'。"②也就是说,物通人,从林林总总的"杂文物"里看到了普通平凡的人,

---

① 沈从文:《关于西南漆器及其他》,《沈从文全集》第27卷,23页,22页。
② 汪曾祺:《沈从文的寂寞》,《晚翠文谈新编》,191页。

通于他的文学里的人。

第三,关于历史。文物和文物,不是一个个孤立的东西,它们各自蕴藏的信息打开之后能够连接、交流、沟通、融会,最终汇合成历史文化的长河,显现人类劳动、智慧和创造能量的生生不息。工艺器物所构成的物质文化史,正是由一代又一代普普通通的无名者相接相续而成。而在沈从文看来,这样的历史,才是"真的历史"。什么是"真的历史"?一九三四年,沈从文在回乡的河流上有忽然通透的感悟:

> 我们平时不是读历史吗?一本历史书除了告我们些另一时代最笨的人相斫相杀以外有些什么?但真的历史却是一条河。从那日夜长流千古不变的水里石头和砂子,腐了的草木,破烂的船板,使我触着平时我们所疏忽了若干年代若干人类的哀乐!我看到小小渔船,载了它的黑色鸬鹚

向下流缓缓划去,看到石滩上拉船人的姿势,我皆异常感动且异常爱他们。我先前一时不还提到过这些人可怜的生,无所为的生吗?不,三三,我错了。这些人不需要我们来可怜,我们应当来尊敬来爱。他们那么庄严忠实的生,却在自然上各担负自己那分命运,为自己,为儿女而活下去。不管怎么样,却从不逃避为了活而应有的一切努力。他们在他们那分习惯生活里、命运里,也依然是哭、笑、吃、喝,对于寒暑的来临,更感觉到这四时交递的严重。三三,我不知为什么,我感动得很!我希望活得长一点,同时把生活完全发展到我自己这份工作上来。我会用我自己的力量,为所谓人生,解释得比任何人皆庄严些与透入些!①

---

① 沈从文:《湘行书简·历史是一条河》,《沈从文全集》第11卷,188—189页。

这是一种非常文学化的表述,这样的眼光和思路所蕴含的对历史的选择取舍,对于承担历史的主体的认识,到后半生竟然落实到了工艺器物的实证研究中。杂文物所连接的物质文化史的长河,同样使他"触着平时我们所疏忽了若干年代若干人类的哀乐"。文物研究与此前的文学创作贯通的脉络如此鲜明清晰,实打实的学术研究背后,蕴蓄着强烈的"抽象的抒情"冲动:缘物抒情,文心犹在。

《中国古代服饰研究》以实物图像为依据,按照时间顺序,叙述探讨服饰的历史。在引言中,沈从文有意无意以文学来说他的学术著作:"总的看来虽具有一个长篇小说的规模,内容却近似风格不一、分章叙事的散文。"① 这还不仅仅泄露了沈从文对文学始终不能忘情,更表明,历史学者和文学家,学术研究和文学叙述,本来也并非壁垒森严,截然分明。一身二任,总还是一身。

---

① 沈从文:《〈中国古代服饰研究〉引言》,《中国古代服饰研究》,10页,上海:上海书店出版社,2002年。

三、物质文化史研究的观念和方法

中国是一个历史悠久的国家,这是挂在很多人口头上的话。如何看待悠久的历史,从普通百姓到专家学者,在观念上和兴趣上,都存在着有意识和无意识的选择。不论是有意识还是无意识的观念和兴趣,都需要不断反省。现代史学的第一次重大反省发生在十九世纪二十世纪之交,以梁启超一九〇二年写的《新史学》为代表,重新厘定什么是历史。梁启超受当时日本流行的文明史影响,责备中国传统的史学只写帝王将相,大多未将国民的整体活动写进历史;只注意一家一姓的兴亡,而不注意人民、物产、财力等等。历史只为朝廷君臣而写,"曾无有一书为国民而作者也。"[①]严复

---

① 梁启超:《新史学》,《饮冰室合集·文集九》,3页,上海:中华书局,1936年。

此前《群学肄言》里也说,"于国民生计风俗之所关,虽大而不录"①。一百多年前新史学所倡导的引发激烈论争的观念,今天看来也许十分平常,不过如果再看看一百多年来一般人的历史观念和兴趣究竟有多大改变,仍然会觉得那些意见未必过时。

沈从文不一定清楚世纪之交那场中国"有史"还是"无史"的辩论,他凭借自己生命的经验、体悟和真切的感情,而不是某种史学理论的支持,三十年代在湘西的河流上追问什么是"真的历史","一本历史书除了告我们些另一时代最笨的人相斫相杀以外有些什么?"这个强烈的感受,恰恰呼应了梁启超对旧史学的批判,连文字意象都不约而同:"昔人谓《左传》为相斫书。岂惟《左传》,若二十四史,真可谓地球上空前绝后之一大相斫书也。"②而沈从文心之所系,是在这样的历史书写传

---

① 严复:《群学肄言》,8页,北京:商务印书馆,1981年。
② 梁启超:《新史学》,《饮冰室合集·文集九》,3页。

统之外、被疏忽了若干年代的更广大的平凡人群。在文学写作中,沈从文把满腔的文学热情投射到了绵延如长河的普通人的生死哀乐上;一九四九年正式开始的杂文物研究,已经是非常自觉地把产生物质文化的劳动者群体的大量创造物置于他研究核心的位置。沈从文不是理论家,可是他的研究实践却强烈地显示出明确、坚定的历史观和物质文化史观。

在相当长的时间里,这样的研究不是文物研究的主流,不被理解是必然的。通俗一点说,沈从文研究的那些东西,在不少人眼里,算不上文物,没有多大研究价值。五十年代,在一次全国博物馆工作会议期间,历史博物馆在午门两廊精心布置了一个"内部浪费展览会",展出的是沈从文买来的"废品",还让他陪同外省同行参观,用意当然是给他难堪。什么"废品"呢?如从苏州花三十元买来的明代白绵纸手抄两大函有关兵事学的著作,内中有图像,画的是奇奇怪怪的云彩。这是敦煌唐代望云气卷子的明代抄本,却被视为"乱收迷信书籍当成文物看待"的"浪费"。另一件是一整匹暗花绫子,机头上织有"河间府制造"宋体字,大串枝的花纹,和传世宋代范淳仁诰敕相近,花四块钱买来的。"因为用意在使我这文物外行丢脸,却料想不到反而使我格外开心。"这一事件一方面表明沈从文在历史博物馆的现实处境和政治地位,另一方面,从文物的观念上来说,沈从文的杂货铺和物质文化史,确实不被认同,甚至被排斥,以至于被认为是"外行"而安排如此形式的羞辱。"当时馆中同事,还有十二个学有专长的史学教授,看来也就无一个人由此及彼,联想到河间府在汉代,就是河北一个著名丝绸生产区。南北朝以来,还始终有大生产,唐代还设有织绫局,宋、元、明、清都未停止生产过。这个值四元的整匹花绫,当成'废品'展出,说明个什么问题?"①

---

① 沈从文:《无从驯服的斑马》,《沈从文全集》第27卷,381页,382页。

所以我们要意识到,沈从文从事物质文化史研究,不仅他这个人要承受现实处境的政治压力,他的研究观念还要承受主流"内行"的学术压力。反过来理解,也正可以见出他的物质文化史研究不同于时见的取舍和特别的价值。

沈从文没有受过正规的(正统的)历史研究训练,他如何着手杂文物研究呢?笨办法:与大量实物进行实打实的接触,经眼,经手,千千万万件实物,成年累月地身在其中,获得了踏实而丰富的实感经验,在此基础上展开探讨。历史博物馆管业务的领导和一些同事无从理解他整日在库房和陈列室转悠,以至于说他"不安心工作,终日飘飘荡荡"。他们觉得研究工作就是在书桌前做的。沈从文从一己的经验,体会和总结出:文物研究必须实物和文献互证,文史研究必须结合文物。这样的见解和主张,具有方法论的意义。

一九二五年,王国维在清华研究院的"古史新证"

课上,提出了以"地下之新材料""补正纸上之材料"的"二重证据法"①。沈从文对王国维古史问题探索方法的呼应,不是理论上的选择,而是从自己的亲身实践中自然得出的结论,他相信自己的这种笨方法能够解决很多实际问题;并且,"我们所处的时代,比静安先生时代工作条件便利了百倍,拥有万千种丰富材料",可以利用的文物数量大大增加,"但一般朋友作学问的方法,似乎仍然还具有保守性,停顿在旧有基础上。"②与他的这种方法相比较,博物馆通行的两种研究方式,他以为都不怎么"顶用":"博物馆还是个新事业,新的研究工作的人实在并不多。老一辈'玩古董'方式的文物鉴定多不顶用,新一辈从外来洋框框'考古学'入手的也不顶用,从几年学习工作实践中已看出问题。"③

---

① 王国维:《古史新证——王国维最后的讲义》,2页,北京:清华大学出版社,1994年。
② 沈从文:《文史研究必须结合文物》,《沈从文全集》第31卷,312页。
③ 沈从文:《我为什么始终不离开历史博物馆》,《沈从文全集》第27卷,249页。

新的文史研究必须改变以书注书、辗转因袭的方式,充分地利用考古发掘出来的东西,充分地结合实物,文献和文物互证,才能开出一条新路。对这一主张,沈从文相当自信,反复强调。以服饰为例,"中国服饰研究,文字材料多,和具体问题差距大,纯粹由文字出发而作出的说明和图解,所得知识实难全面,如宋人作《三礼图》就是一个好例。但由于官刻影响大,此后千年却容易讹谬相承。如和近年大量出土文物铜、玉、砖、石、木、漆、刻画一加比证,就可知这部门工作研究方法,或值得重新着手。"这是《中国古代服饰研究》引言一开篇即提出的问题;接下来所谈,不仅说明仅仅依靠文字之不足,而且指出文字记载有明显的取舍选择,这样的取舍与沈从文的物质文化史观念有所偏离:"汉代以来各史虽多附有《舆服志》《仪卫志》《郊祀志》《五行志》,无不有涉及舆服的记载,内容重点多限于上层统治者朝会、郊祀、燕享和一个庞大官僚集团的朝服、官服。记载虽若十分详尽,其实多辗转沿袭,未必见于实用。"方法上、内容上都存在可以探讨之处;"私人著述不下百十种,……又多近小说家言,或故神其说,或以意附会,即汉人叙汉事,唐人叙唐事,亦难于落实征信。""本人因在博物馆工作较久,有机会接触实物、图像、壁画、墓俑较多,杂文物经手过眼也较广泛,因此试从常识出发排比排比材料,采用一个以图像为主结合文献进行比较探索、综合分析的方法,得到些新的认识理解,根据它提出些新的问题。"[①]事实后来终于证明,沈从文所主张的观念和方法,经过他自己的多年实践,为中国文化史的研究做出了别人无从替代的贡献。

---

① 沈从文:《〈中国古代服饰研究〉引言》,《中国古代服饰研究》,1页。

四、留给后代的礼物

一九四九年九月,沈从文致信丁玲,表示完全放弃文学写作,"有的是少壮和文豪,我大可退出,看看他人表演。头脑用到工艺美术史的探索研究上,只要环境能工作,或可为后来者打个底子,减少后来人许多时间,引出一些新路。""且让我老老实实多作点事,把余生精力解放出来,转成研究报告,留给韦护一代作个礼物吧。"[①] 在个人处境那么不堪的情形中,他对新的事业却有如此非凡的抱负和强烈的自信:引出新路,留给下一代。

一九五二年一月,沈从文在给张兆和的信中谈到人与历史:"万千人在历史中而动……一通过时间,什么也留不下,过去了。另外又或有那么二三人,也随同

---

① 沈从文:《致丁玲》(19490908),《沈从文全集》第19卷,52页。

历史而动,永远是在不可堪忍的艰困寂寞,痛苦挫败生活中,把生命支持下来,不巧而巧,即因此教育,使生命对一切存在,反而特具热情。"沈从文后半生的事业,把特具的热情献给了中国古代物质文化史,献给了历史中留存下来的工艺器物,他的研究也因此成为"联接历史沟通人我的工具","因之历史如相连续,为时空所隔的情感,千载之下百世之后还如相晤对。"①

沈从文以研究历史的方式,使自己长久地活在历史中。

二〇一二年二月十九日

---

① 沈从文:《致张兆和》(19520124),《沈从文全集》第19卷,312页。

中国当代文学中沈从文传统的回响

——《活着》《秦腔》《天香》和这个传统的

不同部分的对话

一、沈从文传统在当代

要说沈从文的文学对当代创作的影响,首先一定会想到汪曾祺,这对师生的传承赓续,不仅是二十世纪中国文学史上难得的佳话,其间脉络的显隐曲折、气象的同异通变,意蕴深厚意味深长,尚待穿过泛泛而论,做深入扎实的探究。这里不谈。

还会想到的是,自二十世纪八十年代沈从文被重新"发现"以来,一些作家怀着惊奇和敬仰,有意识地临摹揣摩,这其中,还包括通过有意识地学汪曾祺而于无意中触到一点点沈从文的,说起来也可以举出一些例子。不过这里出现一个悖论,就是有意识地去学,未必学得好;毋庸讳言,得其形者多有,得其神者罕见。这里也不谈。

如果眼光略微偏出一点文学,偏到与文学关系密切的电影,可以确证地说,侯孝贤受沈从文影响不可谓小,这一点他本人也多次谈起过;台湾的侯孝贤影响到大陆的贾樟柯,贾樟柯不仅受侯孝贤电影的影响,而且由侯孝贤的电影追到沈从文的文学,从中获得的教益不是枝枝节节,而事关艺术创作的基本性原则①。这一条曲折的路径,描述出来山重水复,柳暗花明。这里也不谈。

这么说来,你就不能不承认有这么一个沈从文的传统在。说有,不仅是说曾经有,更是说,今天还有。沈从文的文学传统不能说多么强大,更谈不上显赫,但历经劫难而不死,还活在今天,活在当下的文学身上,也就不能不感叹它生命力的顽强和持久。这个生命

---

① 贾樟柯:《侯导,孝贤》,《大方》,第1期,北京:十月文艺出版社,2011年。

力,还不仅仅是说它自身的生命力,更是说它具有生育、滋养的能力,施之于别的生命。

这篇文章要讨论的三部长篇小说,是二十世纪九十年代迄于今日的文学创作中极具代表性的作品,按照时间顺序,最早的《活着》(1992年)已经有二十年的历史,《秦腔》(2005年)出现在新世纪第一个十年当中,《天香》(2011年)则刚问世不久。这三位作家,余华、贾平凹、王安忆,在当代文学中的重要性和影响力自然无需多说;需要说的是,他们三位未必都愿意自己的作品和沈从文的传统扯上关系,事实上也是,他们确实未必有意识地向这个传统致敬,却意外地回应了这个传统、激活了这个传统。有意思的地方也恰恰在这里,不自觉的、不刻意的、甚至是无意识的关联、契合、参与,反倒更能说明问题的意义。这里我不怎么关心"事实性"的联系,虽然这三位不同程度地谈过沈从文,但我不想去做这方面的考辨,即使从未提起也没有多大关系;我更感兴趣的是思想和作品的互相认证。

在此顺便提及,阿来在二〇〇五年到二〇〇八年出版的三册六卷长篇小说《空山》,本来也应该放在这篇文章里一并讨论,《空山》和沈从文文学之间对话关系的密切性,不遑多让;但考虑到涉及的问题多而且深,在有限的篇幅内难以尽言,所以留待以后专文详述。

二、活着,命运,历史,以及如何叙述

《活着》写的是一个叫福贵的人一生的故事,一个普通的中国人在二十世纪的几十年中的苦难。说到这里自然还远远不够,不论是在二十世纪中国人的经验中,还是在这个世纪的中国文学书写里,苦难触目即是。这部作品有什么大不一样?

在一九九三年写的中文版自序里,余华说:"写作

过程让我明白,人是为活着本身而活着的,而不是为了活着之外的任何事物所活着。我感到自己写下了高尚的作品。"①一九九六年韩文版自序重复了这句话,并且"解释"了作为一个词语的"活着"和作为一部作品的《活着》:"作为一个词语,'活着'在我们中国的语言里充满了力量,它的力量不是来自于喊叫,也不是来自于进攻,而是忍受,去忍受生命赋予我们的责任,去忍受现实给予我们的幸福和苦难、无聊和平庸。作为一部作品,《活着》讲述了一个人和他的命运之间的友情,这是最为感人的友情,因为他们互相感激,同时也互相仇恨;他们谁也无法抛弃对方,同时谁也没有理由抱怨对方。他们活着时一起走在尘土飞扬的道路上,死去时又一起化作雨水和泥土。"②

这里至少有两点需要特别提出来讨论:一是,人活

---

① 余华:《〈活着〉中文版自序》,《活着》,3 页,上海文艺出版社,2004年。

② 余华:《〈活着〉中文版自序》,《活着》,4 页。

着是为了活着本身;二,人和命运之间的关系。

现代中国文学发生之始,即以"人的文学"的理论倡导来反对旧文学,实践新文学。新文学对"人"的发现,又是与现代中国的文化启蒙紧密纠缠在一起的。"人"的发现,一方面是肯定人自身所内含的欲望、要求、权利;另一方面,则是探求和确立人生存的"意义"。也就是说,人为什么活着,成了一个问题。为了解决这个问题,就要找到并且去实践活着的"意义"。这个问题在某些极端的情形下,甚至发展出这样严厉的判断:没有"意义"的生命是没有价值的,是不值得过的。

但是极少有人去追问,这个"意义"是生命自身从内而外产生出来的,还是由外而内强加给一个生命的?更简单一点说,这个"意义"是内在于生命本身的,还是生命之外的某种东西?

不用说,在启蒙的新文化和新文学的审视眼光下,那些蒙昧的民众的生命"意义",是值得怀疑的。他们好像不知道他们为什么活着,应该怎样活着。新文学作家自觉为启蒙的角色,在他们的"人的文学"中,先觉者、已经完成启蒙或正在接受启蒙过程中的人、蒙昧的人,似乎处在不同的文化等级序列中。特别是蒙昧的人,他们占大多数,他们的状况构成了中国社会文化的基本状况。而这个基本状况是要被新文化改变甚至改造的,蒙昧的民众也就成为文学的文化批判、启蒙、救治的对象,蒙昧的生命等待着被唤醒之后赋予"意义"。

按照这样一个大的文化思路和文学叙事模式来套,沈从文湘西题材作品里的人物,大多处在"意义"匮乏的、被启蒙的位置。奇异的是沈从文没有跟从这个模式。他似乎颠倒了启蒙和被启蒙的关系,他的作品的叙述者,和作品中的人物比较起来,并没有处在优越的位置上,相反这个叙述者却常常从那些愚夫愚妇身上受到"感动"和"教育"。而沈从文作品的叙述者,常常又是与作者统一的,或者就是同一个人。从这个对

比来看沈从文的文学,或许我们可以理解沈从文私下里的自负。什么自负呢?一九三四年初他在回故乡的路上,给妻子写信说:

> 这种河街我见得太多了,它告我许多知识,我大部提到水上的文章,是从河街认识人物的。我爱这种地方、这些人物。他们生活的单纯,使我永远有点忧郁。我同他们那么"熟"——一个中国人对他们发生特别兴味,我以为我可以算第一位!……我多爱他们,五四以来用他们作对象我还是唯一的一人![1]

"五四以来"以普通民众为对象来写作,沈从文当然不是"唯一的一人",也不是"第一位",但沈从文之所

---

[1] 沈从文:《湘行书简·河街想象》,《沈从文全集》,第11卷,132—133页,太原:北岳文艺出版社,2002年。

以要这样说,是因为那种"特别兴味",是因为他们出现在文学中的"样子":当这些人出现在沈从文笔下的时候,他们不是作为愚昧落后中国的代表和象征而无言地承受着"现代性"的批判,他们是以未经"现代"洗礼的面貌,呈现着他们自然自在的生活和人性。这种自然自在的生活和人性,不需要外在的"意义"加以评判。

特别有意思的是,即使在沈从文身上,有时也会产生疑惑。还以他那次返乡之行为例,一九三四年一月十八日,他看着自己所乘小船上的水手,想:"这人为什么而活下去?他想不想过为什么活下去这件事?"继而又想,"我这十天来所见到的人,似乎皆并不想起这种事情。城市中读书人也似乎不大想到过。可是,一个人不想到这一点,还能好好生存下去,很希奇的。三三,一切生存皆为了生存,必有所爱方可生存下去。多数人爱点钱,爱吃点好东西,皆可以从从容容活下去。这种多数人真是为生而生的。但少数人呢,却看得远一点。为民族为人类而生。这种少数人常常为一个民族的代表,生命放光,为的是他会凝聚精力使生命放光！我们皆应当莫自弃,也应当得把自己凝聚起来！"①多数人不追问生命的意义而活着,少数人因为自觉而为民族的代表,使生命放光,这是典型的五四新文化的思维和眼光。

戏剧性的是,当天下午,沈从文就否定了自己中午时候的疑问。这个时候的沈从文,站在船上看水,也仿佛照见了本真的自己：

> 我们平时不是读历史吗？一本历史书除了告我们些另一时代最笨的人相斫相杀以外有些什么？但真的历史却是一条河。从那日夜长流千古不变的水里石头和砂子,腐了的草木,破烂的船

---

① 沈从文:《湘行书简·横石和九溪》,《沈从文全集》,第11卷,184—185页。

板,使我触着平时我们所疏忽了若干年代若干人类的哀乐!我看到小小渔船,载了它的黑色鸬鹚向下流缓缓划去,看到石滩上拉船人的姿势,我皆异常感动且异常爱他们。我先前一时不还提到过这些人可怜的生,无所为的生吗?不,三三,我错了。这些人不需要我们来可怜,我们应当来尊敬来爱。他们那么庄严忠实的生,却在自然上各担负自己那分命运,为自己,为儿女而活下去。不管怎么样,却从不逃避为了活而应有的一切努力。他们在他们那分习惯生活里、命运里,也依然是哭、笑、吃、喝,对于寒暑的来临,更感觉到这四时交递的严重。三三,我不知为什么,我感动得很!我希望活得长一点,同时把生活完全发展到我自己这份工作上来。我会用我自己的力量,为所谓人生,解释得比任何人皆庄严些与透入些!①

当余华说"我感到自己写下了高尚的作品"的时候,他触到了与沈从文把那些水手的生存和生命表述为"那么庄严忠实的生"时相通的朴素感情。福贵和湘西的水手其实是一样的人,不追问活着之外的"意义"而活着,忠实于活着本身而使生存和生命自显庄严。

余华敢用"高尚"这样的词,像沈从文敢用"庄严忠实"一样,都指向了这种普通人的生存和命运之间的关系。余华说的是"去忍受生命赋予我们的责任","和命运之间的友情";沈从文说的是"在自然上各担负自己那分命运","从不逃避为了活而应有的一切努力"。对于活着来说,命运即是责任。而在坦然承受命运的生存中,福贵和湘西的愚夫愚妇一样显示出了力量和尊

---

① 沈从文:《湘行书简·历史是一条河》,《沈从文全集》,第 11 卷,188—189 页。

严,因为承担即是力量,承担即是尊严。正是这样的与命运之间的关系,才让我们感受到了温暖——那种动荡里的、苦难里的温暖,那种平凡里的、人伦里的温暖,最终都融合成为文学的温暖。

他们活得狭隘吗?余华说:"我知道福贵的一生窄如手掌,可是我不知道是否也宽若大地?"①而沈从文则以"真的历史"的彻悟,来解释这些普通人的生死哀乐。在这个地方,他们再次相遇。

福贵的一生穿过了二十世纪中国的几个重大历史时期,我们根据重大的历史事件为这些时期的命名早就变成了历史书写和文学叙述中的日常词语,这些命名的词语被反复、大量地使用,以至于这些词语似乎就可以代替它们所指称的历史。细心的读者也许会注意到,《活着》极少使用这样的专用历史名词,即使使用(如"人民公社""文化大革命")也是把它当成叙述的元

---

① 余华:《〈活着〉日文版自序》,《活着》,9页。

素，在叙述中和其他元素交织并用，并不以为它们比其他的元素更能指称历史的实际，更不要说代替对于历史的描述。简捷地说，余华对通常所谓的历史、历史分期、历史书写并不感兴趣，他心思所系，是一个普通人怎么样活过了、熬过了几十年。而在沈从文看来，恰恰是普通人的生存和命运，才构成"真的历史"，在通常的历史书写之外的普通人的哭、笑、吃、喝，远比英雄将相之类的大人物、王朝更迭之类的大事件，更能代表久远恒常的传统和存在。如果说余华和沈从文都写了历史，他们写的都是通常的历史书写之外的人的历史。这也正是文学应该承担的责任。如果说文学比历史更真实，也正可以从这一点上来理解。

关于《活着》，还有一个重要的问题，即它的叙述。曾经有意大利的中学生问余华：为什么《活着》讲的是生活而不是幸存？生活和幸存之间轻微的分界在哪里？余华回答说："《活着》中的福贵虽然历经苦难，但是他是在讲述自己的故事。我用的是第一人称的叙述,福贵的叙述不需要别人的看法,只需要他自己的感受,所以他讲述的是生活。如果用第三人称来叙述,如果有了旁人的看法,那么福贵在读者的眼中就会是一个苦难中的幸存者。"①也就是说,如果福贵的故事由一个福贵之外的叙述者来讲,那么就会有这个外在的叙述者的眼光、立场和评判。如前所述,五四以来的新文学里的普通民众,通常是由一个外在的叙述者来塑造的,这个叙述者又通常是"高于"、优越于他所叙述的人物,他打量着、甚至是审视着他笔下的芸芸众生。余华用第一人称的叙述避开了这种外在的眼光。看起来人称的选择不过是个技巧的问题,其实却决定了作品的核心品质,决定了对生存、命运的基本态度。作家在写作时不一定有如此清晰、明确的意识,但一个优秀作家在写作过程中出现的极其细微的敏感,却可能强烈地

---

① 余华:《〈活着〉日文版自序》,《活着》,6页。

暗示着某些重要、甚至是核心的东西。所以,当我看到余华在《活着》问世十五年之后,还记忆犹新地谈起当初写作过程中的苦恼及其解决方式,我想,这还真不仅仅是个叙述人称转换的技术问题。这段话出现在麦田纪念版自序中:"最初的时候我是用旁观者的角度来写作福贵的一生,可是困难重重,我的写作难以为继;有一天我突然从第一人称的角度出发,让福贵出来讲述自己的生活,于是奇迹出现了,同样的构思,用第三人称的方式写作时无法前进,用第一人称的方式写作后竟然没有任何阻挡,我十分顺利地写完了《活着》。"①

对余华意义非同一般的人称问题,在沈从文那里不是问题,沈从文用第三人称,但他的第三人称叙述者基本上认同他笔下的人物,不取外在的审视的角度。在这一点上,他们以不同的方式走到了相同的地方。

---

① 余华:《〈活着〉新版自序》,《活着》,2页,台北:麦田出版,2007年。

三、个人的实感经验,乡土衰败的趋势,没有写出来的部分

沈从文的创作在抗战爆发前后发生了明显的变化,从三十年代中后期到四十年代结束,这个阶段的沈从文苦恼重重,他的感受、思想、创作与混乱的现实粘连纠结得厉害,深陷迷茫痛苦而不能自拔。期间创作的长篇小说《长河》,写的还是湘西乡土,可那已经是一个变动扭曲的"边城",一个风雨欲来、即将失落的"边城"。

如果我把九十年代作为贾平凹创作的分界点的话,我的意思主要是指,在此之前的贾平凹固然已经树立起非常独特的个人风格,独特的取径、观察、感受、表达使他在八十年代的文学中卓然成家,但我还是要说,这种独特性仍然分享了那个时代共同的情绪、观念、思想和渴望。这不是批评,在那个"共名""共鸣"的时代,

差不多每个人都在分享着时代强烈的节奏和恢弘的旋律。自九十年代起,贾平凹大变,变的核心脉络是,他从一个时代潮流、理念的分享者的位置上抽身而出,携一己微弱之躯,独往社会颓坏的大苦闷中而去。于是有惊世骇俗的《废都》,在新世纪又有悲怀不已的《秦腔》和不堪回首却终必直面暴虐血腥的《古炉》。在这个时候再谈贾平凹的独特性和个人风格,与前期已经是不同的概念,放弃了共享的基础,个人更是个人;另一方面,这个更加个人化的个人却更深入、更细致、更尖锐也更痛切地探触到了时代和社会的内部区域,也就是说,更加个人化的个人反而更加时代化和社会化,与时代和社会的关系更加密不可分,时代和社会无从言说的苦闷和痛苦,要借着这个个人的表达,略微得以疏泄。

这里讨论的《秦腔》,写的是贾平凹的故乡,一个小说里叫清风街实际原型是棣花街的村镇。写的是两个世纪之交大约一年时间里的家长里短、鸡毛蒜皮、悲欢生死,呈现出来的却是九十年代以来当代乡土社会衰败、崩溃的大趋势。这个由盛而衰的乡土变化趋势,在贾平凹那里,是有些始料未及的。他在后记里回忆起曾经有过的另一番景象和日子:"一九七九年到一九八九年的十年里,故乡的消息总是让我振奋,""那些年是乡亲们最快活的岁月,他们在重新分来的土地上精心务弄,冬天的月夜下,常常还有人在地里忙活,田堰上放着旱烟匣子和收音机,收音机里声嘶力竭地吼秦腔。"① 此一时期贾平凹的作品,也呼应着这种清新的、明朗的、向上的气息。但是好景不长,棣花街很快就"度过了它短暂的欣欣向荣岁月。这里没有矿藏,没有工业,有限的土地在极度发挥了它的潜力后,粮食产量不再提高,而化肥、农药、种子以及各种各样的税费迅速上涨,农村又成了一切社会压力的泄洪池。体制对

---

① 贾平凹:《〈秦腔〉后记》,《秦腔》,560页,北京:作家出版社,2005年。

治理发生了松弛,旧的东西稀里哗啦地没了,像泼去的水,新的东西迟迟没再来,来了也抓不住,四面八方的风方向不定地吹,农民是一群鸡,羽毛翻皱,脚步趔趄,无所适从,他们无法再守住土地,他们一步一步从土地上出走,虽然他们是土命,把树和草拔起来又抖净了根须上的土栽在哪儿都是难活。"人老的老,死的死,外出的外出,竟至于"死了人都熬煎抬不到坟里去。""我站在街巷的石碌子碾盘前,想,难道棣花街上我的亲人、熟人就这么很快地要消失吗?这条老街很快就要消失吗?土地也从此要消失吗?真的是在城市化,而农村能真正地消失吗?如果消失不了,那又该怎么办?"他能做的,不过是以一本书,"为故乡树起一块碑子。"①

这样复杂的心路和伤痛的情感,沈从文在三四十年代已经经历过。他在《边城》还未写完的时候返回家乡探望病重的母亲,这是他离乡十几年后第一次回乡,

---

① 贾平凹:《〈秦腔〉后记》,《秦腔》,561页,562页,563页。

所闻所见已经不是他记忆、想象里的风貌,不是他正在写作的《边城》的景象。所以他在《〈边城〉题记》的末尾,预告似地说:"将在另外一个作品里,来提到二十年来的内战,使一些首当其冲的农民,性格灵魂被大力所压,失去了原来的朴质,勤俭,和平,正直的型范以后,成了一个什么样子的新东西。他们受横征暴敛以及鸦片烟的毒害,变成了如何穷困与懒惰!我将把这个民族为历史所带走向一个不可知的命运中前进时,一些小人物在变动中的忧患,与由于营养不足所产生的'活下去'以及'怎样活下去'的观念和欲望,来作朴素的叙述。"①抗战全面爆发后,南下途中,沈从文再次返乡,短暂的家乡生活,促生了《长河》。

《长河》酝酿已久,写作起来却不顺利。一九三八年在昆明开始动笔时,只是一个中篇的构思,写作过程中发现这个篇幅容纳不了变动时代的历史含量,就打

---

① 沈从文:《〈边城〉题记》,《沈从文全集》,第8卷,59页。

算写成多卷本的长篇,曾经预计三十万字。但直到一九四五年出版之时,只完成了第一卷。沈从文带着对变动中的历史的悲哀来写现实的故乡,曾有身心几近崩溃的时候,如鲠在喉,不吐不快,却又欲言又止,不忍之心时时作痛。虽然沈从文最终不忍把故乡命运的结局写出来,但这个命运的趋势已经昭然在目,无边的威胁和危险正一步一步地围拢而来。尽管压抑着,沈从文也不能不产生后来贾平凹那样的疑问:故乡就要消失了吗?他借作品中少女夭夭和老水手的对话,含蓄然而却是肯定了这种趋势的不可挽回。夭夭说:"好看的都应当长远存在。"老水手叹气道:"依我看,好看的总不会长久。"①

《长河》是一首故乡的挽歌,沈从文不忍唱完;贾平凹比沈从文心硬,他走过沈从文走过的路,又继续往前走,直到为故乡树起一块碑,碑上刻画得密密麻麻,仔

---

① 沈从文:《长河·社戏》,《沈从文全集》,第10卷,167页,169页。

仔细细。

读《秦腔》而想到《长河》,并非是我个人的任意联系,也不是出于某种偏爱的附会。陈思和在《试论〈秦腔〉的现实主义艺术》一文中已经有所提示,挑明"贾平凹从某种意义上说是沈从文的重复和延续"[①];王德威在论述《古炉》时也勾勒了贾平凹从早期到如今的一种变化:逸出汪曾祺、孙犁所示范的脉络,"从沈从文中期沉郁顿挫的转折点上找寻对话资源。这样的选择不仅是形式的再创造,也再一次重现当年沈从文面对以及叙述历史的两难。"[②]王德威说的是《古炉》,其实也适用于《秦腔》。要以我的感受来说,《秦腔》呼应了《长河》写出来的部分和虽然未写但已经呼之欲出的部分;《古炉》则干脆从《长河》停住的地方继续往下写,呼应的是《长河》没有写出来的部分。

---

① 陈思和:《试论〈秦腔〉的现实主义艺术》,《当代小说阅读五种》,92页,上海:复旦大学出版社,2010年。
② 王德威:《暴力叙事与抒情风格》,《南方文坛》,2011年第4期。

虽然说《秦腔》已经是事无巨细,千言万语,但对乡土的衰败仍然有没说出、说不出的东西,没说出、说不出的东西不是无,而是有,用批评家李敬泽的话来说是"巨大的沉默的层面"。这个沉默层也可以对应于沈从文在《长河》里没说出、说不出、不忍说的东西。《长河》这部没有完成的作品的沉重分量,是由它写出的部分和没有写出的部分共同构成的。

《秦腔》的写法是流水账式的,叙述是网状的,交错着、纠缠着推进,不是一目了然的线性的情节发展结构。它模仿了日常生活发生的形式,拉杂,绵密,头绪多,似断还连。"这样的叙述,本身便抗拒着对之进行简单的情节抽绎与概括。"[①]同时也抗拒着理念性的归纳、分析和升华。这样的叙述是压低的,压低在饱满的实感经验之中,匍匐着前行,绝不是昂首阔步,也绝不轻易地让它高出实感经验去构思情节的发展和冲突、

---

① 刘志荣:《缓慢的流水,惶恐的挽歌》,《文学评论》,2006年第2期。

塑造人物的性格和形象、获取理念的把握和总结。没有这些常见的小说所努力追求的东西,有的是,实感经验。我重复使用实感经验这个词,是想强调《秦腔》的质地中最根本的因素;不仅如此,我还认为,中年以后的贾平凹的创作,其中重要的作品《废都》《秦腔》《古炉》,都是以实感经验为核心、以实感经验排斥理论、观念、社会主流思潮而做的切身的个人叙述。①

黄永玉谈《长河》,说的是一个湘西人读懂了文字背后作家心思的话:"我让《长河》深深地吸引住的是从文表叔文体中酝酿着新的变格。他排除精挑细选的人物和情节。他写小说不再光是为了有教养的外省人和文字、文体行家甚至他聪明的学生了。他发现这是他与故乡父老子弟秉烛夜谈的第一本知心的书。"②《秦

---

① 关于实感经验与文学的关系,这里不做论述,可以参见张新颖、刘志荣:《实感经验与文学形式》,上海:复旦大学出版社,2012年。
② 黄永玉:《这一些忧郁的碎屑》,《沈从文印象》,203页,孙冰编,上海:学林出版社,1997年。

腔》亦可如是观。倘若从那一堆鸡零狗碎的"泼烦日子"的长篇叙述里还不能深切体会作家的心思,那就再读读更加朴素的《秦腔》后记,看看蕴藏在实感经验中的感受是如何诉之于言,又如何不能诉之于言。

四、物的通观,文学和历史的通感,"抽象的抒情"

沈从文的文学创作因历史的巨大转折戛然而止,他的后半生以文物研究另辟安身立命的领域,成就了另一番事业。通常的述说把沈从文的一生断然分成了两半,有其道理,也有其不见不明之处。在这里我要说的一点是,沈从文的文物研究和他的文学创作其实相通。

沈从文强调他研究的是物质文化史,他强调他的物质文化史关注的是千百年来普通人民在日常生活中的劳动和创造,他钟情的是与百姓日用密切相关的工艺器物。不妨简单罗列一下他的一些专门性研究：玉工艺、陶瓷、漆器及螺甸工艺、狮子艺术、唐宋铜镜、扇子应用进展、中国丝绸图案、织绣染缬与服饰、《红楼梦》衣物、龙凤艺术、马的艺术和装备，等等；当然还有《中国古代服饰研究》这一代表性巨著。你看他感兴趣的东西，和他的文学书写兴发的对象，在性质上是统一的、通联的。这还只是一层意思。

另一层意思，沈从文长年累月在历史博物馆灰扑扑的库房中转悠，很多人以为是和"无生命"的东西打交道，枯燥无味；其实每一件文物，都保存着丰富的信息，打开这些信息，就有可能会看到生动活泼的生命之态。汪曾祺曾说："他后来'改行'搞文物研究，乐此不疲，每日孜孜，一坐下去就是十几个小时，也跟这点诗人气质有关。他搞的那些东西，陶瓷、漆器、丝绸、服饰，都是'物'，但是他看到的是人，人的聪明，人的创造，人的艺术爱美心和坚持不懈的劳动。他说起这些东西时那样兴奋激动,赞叹不已,样子真是非常天真。他搞的文物工作,我真想给它起一个名字,叫作'抒情考古学'。"①也就是说,物通人,从物看到了人,从林林总总的"杂文物"里看到了普通平凡的人,通于他的文学里的人。

还有一层意思,关于历史。文物和文物,不是一个个孤立的东西,它们各自保存的信息打开之后能够连接、交流、沟通、融会,最终汇合成历史文化的长河,显现人类劳动、智慧和创造能量的生生不息。工艺器物所构成的物质文化史,正是由一代又一代普普通通的无名者相接相续而成。而在沈从文看来,这样的历史,才是"真的历史"。前面我引述了沈从文一九三四年在家乡河流上感悟历史的一段文字,那种文学化的表述,那样的眼光和思路,到后半生竟然落实到了对于物的

---

① 汪曾祺:《沈从文的寂寞》,《晚翠文谈新编》,191页,北京:三联书店,2002年。

实证研究中。

沈从文的文物研究与此前的文学创作自有其贯通的脉络,实打实的学术研究背后,蕴蓄着强烈的"抽象的抒情"冲动:缘"物"抒情,文心犹在。

明白了这一点之后,我把王安忆的《天香》看成是与沈从文的文物研究的基本精神进行对话的作品,应该就不会显得特别突兀了。

《天香》的中心是物,以上海的顾绣为原型的"天香园绣"。一物之微,何以支撑一部长篇的体量?这就得看对物的选择,对物表、物性、物理的认识,对物的创造者和创造行为的理解和想象,对物自身的发展历史和物的历史所关联的社会、时代的气象的把握,尤有甚者,对一物之兴关乎天地造化的感知。

此前我曾写《一物之通,生机处处》[①]专文讨论《天香》,提出"天香园绣"的几个"通"所连接、结合的几个

---

① 张新颖:《一物之通,生机处处》,《当代作家评论》,2011年第4期。

层次。

一是自身的上下通。"天香园绣"本质上是工艺品,能上能下。向上是艺术,发展到极处是罕见天才的至高的艺术;向下是实用、日用,与百姓生活相连,与民间生计相关。这样的上下通,就连接起不同层面的世界。还不仅如此,"天香园绣"起自民间,经过闺阁向上提升精进,达到出神入化、天下绝品的境地,又从至高的精尖处回落,流出天香园,流向轰轰烈烈的世俗民间,回到民间,完成了一个循环,更把自身的命运推向广阔的生机之中。

二是通性格人心。天工开物,假借人手,所以物中有人,有人的性格、遭遇、修养、技巧、慧心、神思。这些因素综合外化,变成有形的物。"天香园绣"的里外通,连接起与各种人事、各色人生的关系。"天香园绣"的历史,也即三代女性创造它的历史,同时也是三代女性的寂寞心史,一物之产生、发展和流变,积聚、融通了多少生命的丰富信息。

还有一通,是与时势通,与"气数"通,与历史的大逻辑通。"顾绣"产生于晚明,王安忆说,"一旦去了解,却发现那个时代里,样样件件都似乎是为这故事准备的。比如,《天工开物》就是在明代完成的,这可说是一个象征性的事件,象征人对生产技术的认识与掌握已进步到自觉的阶段,这又帮助我理解'顾绣'这一件出品里的含义。"① 这不过是"样样件件"的一例,凡此种种,浑成大势与"气数","天香园绣"也是顺了、应了、通了这样的大势和"气数"。"天香园绣"能逆申家的衰势而兴,不只是闺阁中几个女性的个人才艺和能力,也与这个"更大的气数"——"天香园"外头那种"从四面八方合拢而来"的时势与历史的伟力——息息相关。放长放宽视界,就能清楚地看到,这"气数"和伟力,把一个几近荒蛮之地造就成了一个繁华鼎沸的上海。

---

① 王安忆、钟红明:《访问〈天香〉》,《上海文学》,2011 年第 3 期。

"天香园绣"的历史,也就是沈从文所投身其中的物质文化史的一支一脉,沈从文以这样的蕴藏着普通人生命信息的历史为他心目中"真的历史",庄敬深切地叙述这种历史如长河般不止不息的悠久流程;相通的感受和理解,同样支持着王安忆写出"天香园绣"自身的曲折、力量和生机,"天香园"颓败了又何妨,就是明朝灭亡了又如何。一家一族、一朝一姓,有时而尽;而"另外一些生死两寂寞的人",以文字、以工艺、以器物保留下来的东西,却成了"连接历史沟通人我的工具。因之历史如相连续,为时空所阻隔的感情,千载之下百世之后还如相晤对。"①《天香》最后写到清康熙六年,蕙兰绣幔中出品一幅绣字,"字字如莲,莲开遍地。"②

"莲开遍地",深蕴,阔大,生机盎然,以此收尾,既

---

① 沈从文:《致张兆和》(1952年1月24日),《沈从文全集》,第19卷,311页。
② 王安忆:《天香》,407页,北京:人民文学出版社,2011年。

是收，也是放，收得住，又放得开，而境界全出。但其来路，也即历史，却是从无到有，一步一步走来，步步上出，见出有情生命的庄严。

王安忆也许无意，但读者不妨有心，来看看"莲"这个词，怎么从物象变成意象，又怎么从普通的意象变成托境界而出的中心意象。小说开篇写造园，园成之时，已过栽莲季节，年轻的柯海荒唐使性，从四方车载人拉，造出"一夜莲花"的奇闻；这样的莲花，不过就是莲花而已；柯海的父亲夜宴宾客，先自制蜡烛，烛内嵌入花蕊，放置在荷花芯子里，点亮莲池内一朵朵荷花，立时香云缭绕，是为"香云海"。"香云海"似乎比"一夜莲花"上品，但其实还是柯海妻子小绸说得透彻，不过是靠银子堆砌。略去中间多处写莲的地方不述，小说末卷，蕙兰丧夫之后，绣素不绣艳，于是绣字，绣的是开"天香园绣"绣画新境的婶婶希昭所临董其昌行书《昼锦堂记》。《昼锦堂记》是欧阳修的名文，书法名家笔墨相就,代不乏人,董其昌行书是其中之一。蕙兰绣希昭临的字,"那数百个字,每一字有多少笔,每一笔又需多少针,每一针在其中只可说是沧海一粟。蕙兰却觉着一股喜悦,好像无尽的岁月都变成有形,可一日一日收进怀中,于是,满心踏实。"①后来蕙兰设帐授徒,渐成规矩,每学成后,便绣数字,代代相接,终绣成全文。四百八十八字"字字如莲"的"莲"就是意象,以意生象,以象达意。但我还要说,紧接着的"莲开遍地"的"莲"是更上一层的意象,"字字如莲"还有"字"和"莲"的对应,"莲开遍地"的"莲"却是有这个对应而又大大超出了这个对应,升华幻化,充盈弥散,而又凝聚结晶一般的实实在在。三十多万字的行文连绵逶迤,至此而止,告成大功。

所以,如《董其昌行书昼锦堂记屏》这样的绣品,是时日所积、人文所化、有情所寄等等综合多种因素逐渐

---

① 王安忆:《天香》,327页。

形成,这当中包含了多少内容,需要历史研究、也同样需要文学想象去发现,去阐明,去体会于心、形之于文。

《中国古代服饰研究》以实物图像为依据,按照时间顺序叙述探讨服饰的历史。在引言中,沈从文有意无意以文学来说他的学术著作:"总的看来虽具有一个长篇小说的规模,内容却近似风格不一、分章叙事的散文。"[①]这还不仅仅泄露了沈从文对文学始终不能忘情,更表明,历史学者和文学家,学术研究和文学叙述,本来也并非壁垒森严,截然分明。

王安忆的作品不是关于"顾绣"的考古学著作,而是叙述"天香园绣"的虚构性小说,但虚构以实有打底,王安忆自然要做足实打实的历史功课。古典文学学者赵昌平撰文谈《天香》,说:"因着古籍整理的训练,我粗粗留意了一下小说的资料来源,估计所涉旧籍不下三

---

① 沈从文:《〈中国古代服饰研究〉引言》,《中国古代服饰研究》,10页,上海书店出版社,2002年。

百之数。除作为一般修养的四部要籍外,尤可瞩目的是:由宋及明多种野史杂史,人怪科农各式笔记专著,文房针绣诸多专史谱录,府县山寺种种地乘方志,至于诗话词话,书史画史,花木虫鱼,清言清供,则触处可见;而于正史,常人不会留意的专志,如地理、河渠,选举、职官,乃至食货、五行,都有涉猎。"①没有这种长时间(王安忆从留意"顾绣"到写出《天香》,其间三十年)的工夫,仅凭虚构的才情,要进入历史,难乎其难。

但我更要说,虚实相生,生生不已,才是《天香》。"天香园绣"有所本而不死于其所本,王安忆创造性地赋予了它活的生命和一个生命必然要经历的时空过程,起承转合,终有大成。

写这部作品的王安忆和研究物质文化史的沈从文,在取径、感知、方法诸多方面有大的相通。王安忆

---

① 赵昌平:《天香·史感·诗境》,《文汇报》"笔会"版,2011 年 5 月 3 日。

不喜欢"新文艺腔"的"抒情"方式和做派,但"天香园绣"的通性格人心、关时运气数、法天地造化,何尝不是沈从文心目中的"抽象的抒情";赵昌平推崇这部小说的"史感"和"诗境",也正是沈从文心目中"抽象的抒情"的应有之义。

五、回响:小叩小鸣,大叩大鸣

当代创作和沈从文传统的呼应、对话,无论自觉还是不自觉,已经渐显气象。丝毫不用担心这个传统会妨碍今日作家的创造才能的充分发挥,即以上面所论余华、贾平凹、王安忆而言,他们作品的各自独特的品质朗然在目,当然不可能以沈从文的传统来解释其全部的特征;但各自的创造性也并不妨碍这些作品与沈从文传统的通、续、连、接,甚至也并不妨碍它们就是这个传统绵延流传的一部分,为这个传统继往开来增添新的活力。

沈从文无法读到这些他身后出现的作品,但他坚信他自己的文学的生命力会延续到将来。六十多年前,他曾经和年少的儿子谈起十四年前出版的《湘行散记》,他说:"这书里有些文章很年青,到你成大人时,它还像很年青!"①时间证明了他的自信并非虚妄。他用"年青"这个词来说自己的作品,而且过了很长时间还"很年青",已然知道它们会在未来继续存在,并且散发能量。岁月没有磨灭、摧毁它们,经过考验、淘洗,反而更显示出内蕴丰厚的品质,传统也就形成。倘若有人有意无意间触碰到这个传统,就会发出回响。这回响的大小,取决于现在和未来的方式与力量:小叩则小鸣,大叩则大鸣。

二〇一一年七月十一日

---

① 沈从文:《致张兆和》(1948年7月30日),《沈从文全集》,第18卷,505页。

"剪辑"成诗:沈从文的这些时刻

后面这几首诗,不是我的"创作",它的真正作者是沈从文,虽然沈从文没有有意识地写成诗的形式。

沈从文不以诗名,却从开始创作时即写诗,在大学课堂上讲新诗,发表系列的诗人诗作评论。特别值得注意的是,一九四九年精神崩溃之后的恢复过程中,他把特定时期的身心状态写成三首极长的诗篇,既是自我分析、抒发,也是借以自我疗救的形式。由此可见他的生命与诗的深刻关联。六七十年代,沈从文又写了大量的古体诗,一度把这种写作当作自己的"第三次改业"。如何认识和评价沈从文的诗创作,还是一个有待讨论的问题。

但我在这里"发现"的是另一种诗。在沈从文的散文、日记、书信中,在他无意写诗的时候,诗也可能出现在他笔下的文字里,甚至出现在他非常没有诗意的生命磨难里。

我从不是诗的文字中"发现"了诗,再做些具体的工作,就是"剪辑",把隐伏的诗以诗的形式直接呈现出来。

当然,我自以为是的"发现"和"剪辑",也是一种叙述、阐释和理解,对沈从文的叙述、阐释和理解,对沈从文一生中的这些时刻的叙述、阐释和理解。我要把这些时刻从时间的漫漫长流中挑出来,我要让这些时刻从经验的纷繁芜杂中跳出来,诗是一种形式,更是一种力量。

这些时刻,是诗的时刻。然而我不会把这些时刻孤立出来理解,它们不是一个个孤立的时间的点,而是各种因素交汇集中的点,打开这些点,就有可能打开多种面向的通路,通过它们来感触和理解一个生命的整体,一个生命的历史和将来。

翠翠,在杜鹃声中想起我

　　民十随部队入川　由茶峒过路

　　开拔日微雨　闻杜鹃声极悲哀

　　民二十二至青岛崂山北九水

　　路上见村中有死者家人报庙行列

　　一小女孩奉灵幡引路

　　当时即向面前的朋友许下愿心

　　我懂得这个有丧事女孩子的欢乐和痛苦

　　正和懂得你的纯厚与爱好一样多一样深

　　我要把她的不幸　和你的善良结合起来

　　用一个故事重现

　　民二十三年初返湘

过了柏子的小河　　就快要到翠翠的家乡了

泸溪城街上的绒线铺

十七年前铺柜里站着叫翠翠的女孩

两手反复交换动作挽棉线

目前所见到的　　竟然还是那么一个样子

当真回到过去了吗

辫发上缠得一绺白绒线　　她的妈妈死了

我被时间意识猛烈地捆了一巴掌

我不应当翻阅历史　　温习历史

一面让细碎阳光晒在纸上

一面将我受压抑的梦写在纸上

书中人与个人生命成一希奇结合

俨若可以不死

三十八年五月卅下十点北平宿舍

夜静得离奇

端午快来了　家乡中一定是还有龙船下河

翠翠　翠翠　你是在一零四小房间中酣睡

还是在杜鹃声中想起我

在我死去以后还想起我

翠翠　三三　我难道又疯狂了

很奇怪　为什么夜中那么静

想不出我是谁

原来那个我在什么地方去了呢

后记

此篇"剪辑"的文章包括：沈从文一九四八年即将告别文学创作时为《边城》写的《新题记》，生前没有发表过;长篇散文《水云》;未完自传中的一章《关于西南漆器及其他》,生前也没有发表;《湘行书简》和《湘行散记》;一九四九年五月的一则日记。

一九三四年出版的《边城》是沈从文最受喜爱的作品,翠翠是最受喜爱的形象,但沈从文却说:"可是没有一个人知道我是在什么感情下写成这个作品,也不大明白我写它的意义……完全得不到我如何用这个故事填补过去生命中一点哀乐的原因。"(《水云》)

触发我"剪辑"这首诗的最大动因是,沈从文在一九四九年精神"失常"最想不清楚自己的时候,在最孤立无告的时刻,他想到了翠翠,他像在和翠翠说话,一声接着一声地呼喊着翠翠。也许他"混淆"了文学虚构和生活现实,可是这样的"混淆",不也正透露出,他和他的文学之间的关系,紧密程度竟至于血肉相连、生死牵记。

二〇一一年八月三十日

绿百合

  有什么人能用绿竹作弓矢

  射入云空

  永不落下

  我之想象　犹如长箭

  去碧蓝而明净之广大虚空

  从此云空中　读示一小文

  有微叹与沉默　色与香　爱和怨

  无著者　无年月　无故事

  虚空静寂　读者灵魂中如有音乐

  虚空明蓝　读者灵魂上光明净洁

  夜梦极可怪

见一淡绿百合

颈弱花柔

花身略有斑点青渍

倚立门边微微摇动

在不可知地方有极熟悉的声音在招呼

有一粒星子在花中

伸手触之

花微抖　如有所怯

亦复微笑　如有所恃

轻轻摇触花柄　花蒂　花瓣

几片叶子落了

如闻叹息　低而分明

雷雨刚过

醒来后闻远处有狗吠

吠声如豹

山谷中应当有白中微带浅蓝色的百合

花粉作黄色　小叶如翠珰

无语如语

后记

此篇"剪辑"自沈从文的《生命》，写于昆明，收于一九四一年出版的《烛虚》集。

文中说："我正在发疯。为抽象而发疯。我看到一些符号，一片形，一把线，一种无声的音乐，无文字的诗歌。我看到生命一种最完整的形式，这一切都在抽象中好好存在，在事实面前反而消灭。"

文中叙述梦醒后将经过记下,仿佛完成了一件艺术品,"精美如瓷器,素朴如竹器。"随后却焚毁了那个稿件,因为"不想将这个完美诗篇,被伪君子与无性感的女子眼目所污渎。"这份谨慎和顾虑,事后证明不但不是多余,而是不够,到一九四八年,郭沫若就在《斥反动文艺》一文中因这一类文字(主要有小说《看虹录》《摘星录》等)把沈从文称为"桃红小生"。

写《生命》时沈从文当然料想不到后来的事,他焚了那个稿件,却显然心有不甘,所以文末又说:"法郎士曾写一《红百合》故事,述爱欲在生命中所占地位,所有形式,以及其细微变化。我想写一《绿百合》,用形式表现意象。"因此我为这首"剪辑"出的诗取题《绿百合》。

二〇一一年八月十七日

豆彩碗

一九五〇年八月八日,沈从文在家中
因一只豆彩碗而感触生发。

向日葵枝干已高过屋檐,低下头在看脚前的

天冬草,茑萝,薄荷叶,无花果

天冬草开了一串小白花

茑萝小小红花带点羞羞怯怯神情,从叶片间举起

薄荷叶必需用手揉碎,香味才能解放出来

无花果还没有果子

雨已止息。天空如汝窑淡青

一个一个房间走去,大小家具重现

消失于过去时间里的笑语

一些天真稚气的梦

肯定一个人的存在

可是这时节这一些东东西西

对于我竟如同毫不相干

书架上那个豆彩碗

十五年前从后门得来

美秀,温雅,成熟,完整,稚弱中见健康

制碗人被压抑受转化的无比柔情

如此不可解的离奇

十五年,炮火和饥饿,恐怖,疲劳

那么一个小碗

由北而南,在昆明过了八年

由南而东,过苏州住了三年

又由苏州转北京,搁到这个鸡翅木书架上

相对无言

小小的茑萝的花和栽花的生命

由幼稚而达到成熟

或迟或早又趋于衰老,耗竭

活泼生命已陆续消失于虚无中

豆彩碗却依然如故

不求人知的独立存在

也可能还会因种种偶然

转来转去,到一些意想不及的人手中

然而它的阅历

谁也不能想象

再没有谁能明白这个碗的历史

包含了什么意义

一切生命存在都如此隔离

又如此息息相关

如此息息相关还是十分隔离

这是怎么回事

千百年前那些制瓷绘画的工人

把受压抑的痛苦,和柔情,和热爱

转移到一个小碗上

如此矛盾又如此调和

大多数人在完全无知中

把碗用来用去

终于在小不经意中

忽然摔碎

后记

此诗是"剪辑"沈从文日记而成。

沈从文说自己的文学,多次强调是将现实中的压抑和痛苦转化为文字而成,是诗的抒情和心灵受伤后的痛楚交织而成。对于"你们能欣赏我故事的清新,照例那作品背后蕴藏的热情却忽略了,你们能欣赏我文字的朴实,照例那作品背后隐伏的悲痛也忽略了",他是遗憾的。而对于中国的工艺传统,他的感情基础即是,物的背后有人,是手工艺者将被压抑的无比柔情和爱转化为美的物质形式的结果。这与他对自己的创作的解释相通。时代转折点上的沈从文在经历了精神崩溃而又逐渐恢复以后,一九五〇年被安排在华北人民革命大学学习和思想改造,休息日回到家中端详豆彩碗而感慨万端,亦通于对自己的文学命运的感慨。豆彩碗能够历千百年、历战争动荡而其美仍存,这是不朽;但另一面,它又是极其脆弱的,小不经意即可毁于一瞬。

沈从文随手记下自己纷纭的思绪,无意写诗,而诗自在其中。

二〇一一年六月十九日

迁移

岁暮严冬雨雪霏微

蹲在咸宁毫无遮蔽的空坪中

等待发落

逼近黄昏　搭最后那辆运行李卡车

到二十五里外　借住

带个小小板凳

去后山坡看守菜园

手脚冻得发木时

就到附近干草堆上躺一会会

活活血脉　避避风寒

忽然通知

限二小时内迁移五十里外双溪

五里外大湖边劳动的老伴赶来

说不到十句话

在卡车中想到古代从军似乎比较从容

苏东坡谪海南　在赣州游八镜台　饮酒赋诗

移黄州　邀来客两次游赤壁　写成前后赤壁赋

孤立空空小学校一间屋子

住得最久

屋中永远不干

雨中接漏　扫除积水三四十盆

雨后泥泞　用百十断砖搭成跳板

这些砖将在屋中过年了

时有蟋蟀青蛙窜入　各不相妨

七十岁得此奇学习机会

亦人生难得乐事

附近不远爆破炮声连响三次

土石纷纷落下　已把屋顶开了大小天窗数处

头上且顶个坐垫

依旧抄完这首诗　抄到

钟鼓上闻天　直上于青云

望到房顶那几个大小天窗

真好笑

离奇狼狈　可是心静静的

世界上哪会有人想得到我是在什么具体情形下

写这些诗

十四本稿纸通用完了

抄点什么也不成了

高血压心脏病和肾结石并发　血压上升到240/150

住院四十多天

迫近风烛残年

住处又一再催促迁移

新住的是贫农大院

对天井一窗　天井即沤肥池　猪饲料是酸的

如坐酸菜坛子中

加上房中大湿霉　即已接近酸梅汤

床下生长了点绿毛白毛

我多少有点像聊斋中人物

一位大喉咙大妈　送了我大把栀子花

天气总是三晴三雨　出门如酱缸

可是对庄稼极好

不多久　田里即大片浓绿了

趁来得及　把记得住的一切

分门别类写卅多个小专题

锦缎　印染　纸加工　文字发展

狮子　车马　漆工艺　丝绸花纹　陶瓷

右手关节炎已升级　可能会忽然一天失去作用

结束五十年下笔不知自休的劳动

也不必发愁　五十年前即还学会了用左手写字

两年六次迁移　第六次坐火车辗转丹江

一个荒秃秃岩石采石场　在山沟里

后窗靠山　东西无丝毫尘土　桌子柜子干干净净

老伴以为数十年住处　这里最好

五百老弱病号中相熟的几十人

金人先生在我到达后第二天故去

我间或拄个拐杖看病取药

总常常见雪峰　独自在菜地里浇粪

满头白发　如汉代砖刻中老农

无一本书　亦无一图录

只能就记忆所及

把服饰图稿中疏忽遗漏或多余处

一一用签条记下来

准备日后有机会时补改

这也许是一生中最后一次值得留下的工作

恐不可能有出版希望

自己家中能留份作个纪念　也好

实在留不住　也无所谓

后记

此篇"剪辑"所用材料较多,包括沈从文下放湖北咸宁和丹江期间的大量书信、一则日记、一九八一年为《中国古代服饰研究》写的一篇后记,这篇后记废弃未用,后来以《曲折十七年》为题编入全集。

一九六九年十一月底,沈从文作为历史博物馆三户老弱病职工之一,被首批下放到湖北咸宁文化部五七干校,到达452高地后"才知道'榜上无名',连个食宿处也无从安排。"后来借住属于故宫博物院一个暂时空着的宿舍,职责是看守菜园。

一九七〇年二月,迁移至双溪区,先在区革委会一空房,稻草上摊开地铺,住了下来。半月后被转移到一所小学校的一间空房,住了大约一年。这间房子漏雨严重,地下常年泥泞,屋子如霉窖。沈从文信里还跟妻子张兆和打趣说:"任何能吸水气的就上霉。可是奇怪,本地人却不会作霉豆腐和豆豉酱。"

一九七一年三月,住处再次搬动,迁入一户农民家中腾出的小屋。

一九七一年八月，离开咸宁双溪，迁往湖北丹江一个采石场的荒山沟，这里是"文化部安置处"，沈从文说，"一出门，看到的总是手拄拐杖行动蹒跚的老朋友，和一个伤兵医院差不多。这些人日常还参加种菜、种树、搬石头任务。"

张兆和比沈从文先下放到咸宁，两人住两处，沈从文到双溪后相隔五十里，张兆和来看他得请假，来回一次颇为不易。迁往丹江后两人在一地，先安排分住，不久调到了一处。沈从文因病免除劳动，张兆和每天劳动约三小时。

一九七二年二月，沈从文获准请假回京治病，此后以不断续假方式留在北京，一个人在一小间屋子里对《中国古代服饰研究》图稿修改增删，同时进行其他杂文物研究。

二〇一一年八月十九日

本书各文出处

一、《沈从文与二十世纪中国——从"关系"中理解"我"、文学、思想和文化实践》,此文为2012年9月24日在杭州师范大学"批评家讲坛"的演讲稿,载《当代作家评论》2012年第6期,《文景》2012年第12期。获2012年度《当代作家评论》优秀论文奖。

二、《"联接历史沟通人我"而长久活在历史中——门外谈沈从文的杂文物研究》,载《中国现代文学研究丛刊》2012年第6期。获2012年度《中国现代文学研究丛刊》优秀论文奖。

三、《中国当代文学中沈从文传统的回响——

〈活着〉〈秦腔〉〈天香〉和这个传统的不同部分的对话》,载《南方文坛》2011年第6期。获2011年度《南方文坛》优秀论文奖。

四、《"剪辑"成诗:沈从文的这些时刻》,四首诗分载《文汇报·笔会》:《豆彩碗》,2011年7月16日;《绿百合》,2011年9月17日;《翠翠,在杜鹃声中想起我》,2011年10月12日;《迁移》,2011年12月17日。整组诗载《文艺争鸣》2011年第10期。

图书在版编目(CIP)数据

沈从文与二十世纪中国/张新颖著.—上海:复旦大学出版社,2014.11(2016.4重印)
ISBN 978-7-309-10797-5

Ⅰ.沈… Ⅱ.张… Ⅲ.沈从文(1902~1988)-人物研究 Ⅳ.K825.6

中国版本图书馆CIP数据核字(2014)第142944号

沈从文与二十世纪中国
张新颖 著
责任编辑/孙 晶

复旦大学出版社有限公司出版发行
上海市国权路579号 邮编:200433
网址:fupnet@fudanpress.com http://www.fudanpress.com
门市零售:86-21-65642857 团体订购:86-21-65118853
外埠邮购:86-21-65109143
浙江新华数码印务有限公司

开本 787×1092 1/32 印张 4.75 字数 53 千
2016年4月第1版第2次印刷

ISBN 978-7-309-10797-5/K·484
定价:28.00元

如有印装质量问题,请向复旦大学出版社有限公司发行部调换。
版权所有 侵权必究